dtv

Arbeit ist der Dreh- und Angelpunkt unseres Lebens. Wir hasten diszipliniert und zielbewusst durch unseren Alltag, die Freizeit wird sorgfältig dosiert und verplant. Dabei passiert es allzu oft, dass wir unsere eigentlichen Bedürfnisse und Lebensziele aus den Augen verlieren, uns gestresst und unzufrieden fühlen. Ernie J. Zelinski zeigt, dass es auch anders geht: Nicht ein prall gefüllter Terminkalender und ein ständig läutendes Handy sind der Beweis für ein gelungenes Leben, sondern die Kunst, zu genießen, was wir tun, unsere Talente auszuleben und jeden Teil unseres Lebens voll auszuschöpfen. Es gilt, sich wieder zu besinnen auf Werte von größerer Beständigkeit als den sicheren Job – eine Illusion – oder den Gehaltsscheck, der verlorene Zeit nicht zurückbringt. Anhand von Übungen regt der Kreativitätstrainer an, neue Perspektiven für Arbeit und Freizeit zu gewinnen und individuelle Lösungen für »Auszeiten« zu entwickeln. Er verführt zu mehr Spontaneität und Mühelosigkeit und ermutigt dazu, eingefahrene Bahnen zu verlassen, um zu einer wirklich erfüllenden Lebensgestaltung zu finden – diesseits wie jenseits der Bürotür.

Ernie J. Zelinski ist Kreativitätstrainer, Berater und erfolgreicher Müßiggänger. Seit 14 Jahren ist er »kreativ unbeschäftigt«. Er lebt in Edmonton, Kanada.

Ernie J. Zelinski

Die Kunst, mühelos zu leben

Aus dem Englischen von
Annette Wetzel

Deutscher Taschenbuch Verlag

Deutsche Erstausgabe
Juli 2002
2. Auflage Oktober 2002
Deutscher Taschenbuch Verlag GmbH & Co. KG, München
www.dtv.de
© 1997 Ernie J. Zelinski, Visions International Publishing
Titel der amerikanischen Originalausgabe:
The Joy of Not Working
Erstmals veröffentlicht bei Visions International Publishing,
Kanada, 1991.
Ten Speed Press, Berkeley, USA, 1997.
© der deutschsprachigen Ausgabe:
2002 Deutscher Taschenbuch Verlag GmbH & Co. KG, München
Das Werk ist urheberrechtlich geschützt.
Sämtliche, auch auszugsweise Verwertungen bleiben vorbehalten.
Umschlagkonzept: Balk & Brumshagen
Umschlagbild: Peter Menne, Potsdam
Satz: Offizin Wissenbach, Höchberg bei Würzburg
Gesetzt aus der Joanna
Druck und Bindung: Druckerei C. H. Beck, Nördlingen
Gedruckt auf säurefreiem, chlorfrei gebleichtem Papier
Printed in Germany · ISBN 3-423-36276-6

Dieses Buch ist dem Leser gewidmet,
in der Hoffnung,
dass es ein Gewinn für ihn ist
und die Welt liebenswerter macht.

Inhalt

Vorwort 11

Berufswunsch: Müßiggänger
Faulheit lohnt sich 16
Freizeit – das Gegenteil von Arbeit, aber nicht ganz 17
Der Traum von Freizeit, Ruhestand und Lotteriegewinn 18
Die zwei Seiten des Müßiggangs 21
Müßiggänger – ein aufreibender Beruf 24
Das Geheimnis des Müßiggangs 25

Augen auf und durch!
Öfter mal was Neues 27
Was Hänschen nicht lernt ... kann Hans immer noch lernen 28
Unter den Blinden ist der Einäugige König 30
Aufgepasst! 32
Der richtige Durchblick 34
Nur Narren und Tote ändern sich nicht 35
Die Wiederbelebung der Kreativität 36
Die 17 Regeln der Kreativität 37
Die Erde ist schon lange rund! 38

Arbeitsmoral ist Sklavenmoral
Arbeiten oder nicht? 40
Der schlechte Einfluss der protestantischen Arbeitsmoral 41
Gehört die Arbeit zum guten Ton? 44
Das Gesetz des zunehmenden Schadens 45
Ein ganzes Volk spielt verrückt 46
Mörderische Arbeitswut 48
Bart Simpson als Hoffnungsschimmer 48
Müßiggänger in der Chefetage 49
Warum Bettler einen gesellschaftlichen Beitrag leisten 50
Vom fragwürdigen Erfolg der Yuppies 51
Das Ding mit den Dingen 53
Das Märchen vom Bruttosozialprodukt 54

Freizeit als Umweltschutz	55
Warum weniger Arbeit den Lebensstandard erhöht	57
Die wahren Dinge des Lebens	58

Arbeite weniger, lebe gesünder

Eine Mausefalle ohne Käse	60
Wer bin ich?	61
Die Ignoranz hat Hochkonjunktur	63
Kurhotel »Knast«	66
Verrückt oder nicht?	66
Muße ist in, Arbeitswut ist out	67
Arbeite weniger, entlaste den Arbeitsmarkt	69
Mehr Freizeit, mehr Leistung	70
Mehr Freizeit, mehr Spaß	73
Der Freizeitexperte	78
Rauswurf in Eigenregie	80
Die Berufung ruft	84
Der Traum vom sicheren Arbeitsplatz	89
Die Kuh schlachten und gleichzeitig melken	90

Arbeitslosigkeit – der ultimative Persönlichkeitstest

Endlich in vollen Zügen genießen	95
Ein neuer Lebensplan	96
Die Wiederentdeckung des wahren Ichs	97
Ein neues Erfolgskonzept	99
Die drei Säulen der Freizeit	101
Die Freizeitkarriere	108

Hausgemachte Langeweile

Eine sterbenslangweilige Krankheit	110
Das Salz in der Suppe	112
Wie man sich bettet, so langweilt man sich	113
Die einfache Lebensregel	114
Die Tretmühle färbt ab	115
Auszeit zum Sonderpreis	116
Wie gut, dass es Probleme gibt!	117
Nur der Dumme fürchtet sich vor der Dummheit	119
Der Mut zum kleinen Unterschied	120

Brandstifter
- Schwing das Tanzbein! ... 122
- Ohne Fleiß kein Preis ... 123
- Von nichts kommt nichts ... 124
- Maslows Hierarchie ... 127
- Dichtung und Wahrheit über Herzenswünsche ... 130
- Träume auf dem Prüfstand ... 131
- Der Ideenbaum ... 132
- Direkt ins Ziel ... 144

Auf die Dauer hilft nur Power
- Dynamische Untätigkeit ... 147
- Der Sieg des Geistes über die Materie ... 149
- Fit wie ein Turnschuh ... 150
- Dumme Frage, kluge Antwort ... 155
- Reisen ohne Tourismus ... 156
- Lese- und Schreibschwäche unerwünscht ... 157
- Es gibt nicht Gutes, außer man tut es ... 159

Jetzt oder nie!
- Carpe diem ... 162
- Der entscheidende Augenblick ... 163
- Eile mit Weile ... 166
- Sorge dich nicht, lebe! ... 168
- Treibgut ... 172
- Spontan ohne Plan ... 173
- Jeden Morgen geht die Sonne auf ... 175
- Humor ist eine todernste Sache ... 176
- Der Weg ist das Ziel ... 177

Lieber allein als in schlechter Gesellschaft
- Der Schlüssel zum Alleinsein steckt von innen ... 180
- Allein aber oho! ... 183
- Hände weg von Pessimisten! ... 184
- Allein im Baumhaus ... 185
- Die Kunst der Stille ... 188
- Einsiedler mit Lebenserfahrung ... 190

Geld regiert die Welt?
Geld ist nicht alles	192
Genug ist nicht genug	193
Mehr Geld, mehr Sorgen	195
Geld ist keine Lebensversicherung	198
Macht Geld glücklich?	200
Ein kleines Portemonnaie ist groß genug	202
Eine Theorie für Beruf und Freizeit	204
Bescheidenheit macht reich	208
Wie man sich mit wenig Geld königlich amüsiert	211

Durchstarten bitte!
Erst am Schluss ist Schluss	213
Kein Bedarf an Verjüngungskuren	214
Die innere Orientierung	216
Reden ist Silber, Handeln ist Gold	217
Das Leben fängt in der Freizeit an	221

Literatur 223

Vorwort

Dieses Buch will Sie zum Gewinner machen. Es ist aber keineswegs eine der üblichen Anleitungen, wie man beruflich erfolgreich wird oder wie man das große Geld macht. Es handelt von dem persönlichen Gewinn, den es bedeuten kann, wenn man nicht arbeitet. Es geht nicht um einen Wettkampf, doch trotzdem winkt eine ansehnliche Belohnung.

Man gehört zu den Gewinnern, wenn man Lust auf das Leben hat, wenn man sich morgens beim Aufwachen auf den Tag freut. Man gehört zu den Gewinnern, wenn man Freude an dem hat, was man macht, und man gehört zu den Gewinnern, wenn man ziemlich genau weiß, was man mit dem Rest seines Lebens anfangen will.

Das Buch möchte Ihnen ein nützlicher und zuverlässiger Wegweiser sein, der Ihnen zeigt, wie Sie sich außerhalb der Arbeitswelt ein Paradies schaffen können – ob Sie nun im Ruhestand, arbeitslos oder berufstätig sind. Es schadet nicht, sich ab und zu daran erinnern zu lassen, was wichtig und was unwichtig ist, und ein praktischer Ratgeber, wie man mehr aus seiner Freizeit machen kann, ist in jedem Fall von Nutzen.

> Für alles gibt es eine Gebrauchsanweisung, nur nicht für das Leben.
> *Jean Paul Sartre*

Dieses Buch ist das Ergebnis meines Bildungsweges, einer Bildung, die nichts mit den Lehrplänen an Schulen oder Universitäten zu tun hat. Meine persönlichen Erfahrungen haben mich gebildet – nicht meine formale Ausbildung.

Mit 29 Jahren ließ ich mich auf eine ganz neue »Karriere« ein. Nachdem ich meinen Job verloren hatte, beschloss ich, ein Jahr lang das Leben eines kreativen Müßiggängers zu führen. Obwohl meine neue Lebensweise eigentlich nur vorübergehend sein sollte, habe ich mich noch immer nicht nach einer festen Anstellung umgesehen.

In meinem letzten Job ließ ich mich von einem System einsperren, das mir jeden Freiraum nahm. Sechs Jahre lang hielt ich es als Angestellter in einem öffentlichen Versorgungsbetrieb aus, in dem ich von neun bis um fünf Uhr arbeiten sollte. Tatsächlich arbeitete ich aber meistens von acht bis sechs Uhr und häufig auch an den Wochenenden, meistens ohne zusätzliche Bezahlung.

Nachdem ich drei Jahre lang auf meinen Urlaub verzichtet hatte, wollte ich mir endlich im Sommer zehn Wochen frei nehmen. Abgesehen davon, dass meine Vorgesetzten damit nicht einverstanden waren, hielt ich das für eine fabelhafte Idee. Ich genoss diese zehn Wochen in vollen Zügen. Doch trotz meiner großartigen Idee endete die Sache damit, dass man mich vor die Tür setzte. Ich hatte mit meinem ausgedehnten Urlaub angeblich die Unternehmensmoral verletzt.

Meinen Vorgesetzten hatte mein Abenteuer offenbar missfallen. Ungeachtet meiner guten Arbeitsleistung und der langen Zeit ohne Urlaub lag nach meiner Rückkehr die Kündigung auf dem Tisch. Ich weiß nicht, ob meine Entlassung nur damit zu tun hatte, dass ich die Unternehmensmoral verletzt hatte. Möglicherweise gönnten meine Vorgesetzten mir auch nicht, dass mir mein langer Urlaub so viel Spaß gemacht hatte. Viele Vorgesetzte, vor allem im öffentlichen Dienst, haben nicht gerne mit Untergebenen zu tun, die es sich richtig gut gehen lassen.

In den ersten Wochen war ich sauer, dass man mich gefeuert hatte. War ich doch ein pflichtbewusster und eifriger Mitarbeiter gewesen, der zweifellos manchen wichtigen Beitrag für das Unternehmen geleistet hatte. Keine Frage – man hatte mir großes Unrecht getan.

Aber eines Tages wendete sich das Blatt, als ich nämlich erkannte, dass meine Entlassung in Wirklichkeit ein Segen war. Mir ging allmählich auf, dass ich nicht unersetzlich war, und gleichzeitig verlor ich das Interesse an einem festen Ganztagsjob. Ich wollte mir von nun an möglichst viel freie Zeit gönnen, besonders im Sommer. Ein normaler Job kam also nicht mehr in Frage; meine Karriere als Ingenieur war beendet.

In den nächsten zwei Jahren arbeitete ich überhaupt nicht und hielt mich auch von jeglicher Bildungseinrichtung fern. Mein Ziel war, ohne Arbeit glücklich zu sein. Schließlich weinte ich meinem früheren Job als Ingenieur gerade so viel Tränen nach wie einer alten Ventures-Langspielplatte, die ich vor 15 Jahren verloren hatte – nämlich so gut wie gar keine.

Was aber habe ich mit dieser Zeit angefangen? Obwohl ich zeitweilig nur sehr wenig Geld hatte, lebte ich in meinen Augen wie Gott in Frankreich. Ich ging so vielen schöpferischen und befriedigenden Beschäftigungen nach, dass ich sie hier gar nicht alle aufzählen kann. Kurz – ich feierte das Leben. Ich wuchs über mich selbst hinaus, und meine Wertvorstellungen änderten sich. Während dieser zwei Jahre erwarb ich gewissermaßen einen Doktortitel der Freizeit (den mir bisher noch keine Universität verliehen hat).

> Muße ist eine überaus verantwortungsvolle und schwierige Aufgabe.
> *William Russell*

Nach zwei Jahren vollkommener Muße beschloss ich, nie wieder in den Monaten ohne »r« zu arbeiten. Mai, Juni, Juli und August scheinen mir wie geschaffen für Freizeit und Müßiggang. Weil ich meine freie Zeit so sehr genieße, habe ich es seit mehr als zehn Jahren erfolgreich vermieden, einen Ganztagsjob anzunehmen. Seit ich Ende Zwanzig war, bin ich praktisch immer wieder im zeitweiligen Ruhestand oder Fast-Ruhestand.

Im Lauf der Jahre bin ich oft gefragt worden, was ich mit so viel Freizeit anfange, ohne mich zu langweilen. Allmählich kam ich dahinter, dass es vielen Menschen schwer fällt, ihre freie Zeit befriedigend auszufüllen. Mir fiel auf, dass es noch kaum Literatur über den sinnvollen Umgang mit Freizeit gab. Damals entstand die Idee zu diesem Buch. Da ich glaube, dass jeder seine freie Zeit mit schöpferischen und anregenden Aktivitäten ausfüllen kann, schien mir eine Anleitung zum Genuss der Muße eine nützliche Sache zu sein.

Dieses Buch besteht zum Teil aus meinen eigenen Gedanken und Erfahrungen. Um eine umfassendere Perspektive zu erhalten, greife ich aber auch auf Geschichten, Erfahrungen und Bemühungen anderer zurück.

In diesem Buch geht es darum, wie man ein erfolgreicher Müßiggänger wird, wie es einem gelingt, ein müheloses Leben zu führen. Es wird Sie allerdings überraschen, dass dies zunächst ein wenig Mühe kostet. Eine sinnvolle Freizeitgestaltung fällt einem nicht einfach in den Schoß. Man muss bestimmte Prinzipien berücksichtigen, auf denen dieses Buch basiert.

Erfolg ist Glückssache –
verkrachte Existenzen können das bestätigen.
Ein unbekannter kluger Mensch

Wenn Sie diese Grundsätze beherzigen, werden sich neue Wege auftun, und Sie werden wunderbare und befriedigende Erfahrungen machen, die Ihnen Ihr Job nicht bieten kann. Sie werden wie ich behaupten können, dass Sie auf mühelosere Weise glücklicher sind.

Wenn Sie Ihre Lebensqualität verbessern und Ihr Leben interessanter gestalten wollen, wird dieses Buch ein wertvoller Gewinn für Sie sein. Ich bin sicher, dass es eine unterhaltsame und anregende Lektüre sein wird, die Sie zu einem spannenden und lohnenden, (fast) mühelosen Leben verführt.

Ernie J. Zelinski

Berufswunsch: Müßiggänger

Faulheit lohnt sich

Am zweiten Tag seines Aufenthalts in einer großen Stadt begegnete einmal ein wohlhabender und etwas exzentrischer Reisender einer Gruppe von sechs Bettlern, die er schon tags zuvor beim Geldschnorren beobachtet hatte. Die Bettler hatten sich alle in der Sonne ausgestreckt, offensichtlich um sich von ihren Berufspflichten auszuruhen. Sie blickten auf, als der Reisende sich ihnen näherte.

Dieser wollte sich einen Spaß gönnen und versprach demjenigen Bettler einen Tausenddollarschein, der beweisen könne, dass er der Faulste sei. In der Hoffnung, das Geld zu gewinnen, sprangen fünf von ihnen auf, um an dem Wettkampf teilzunehmen. Jeder gab sich nun die größte Mühe, auf die unterschiedlichste Weise – indem er zum Beispiel im Sitzen die Touristen anbettelte – zu zeigen, dass er noch fauler war als seine Kollegen.

Eine Stunde lang sah der Reisende den Bettlern amüsiert zu, dann vergab er den Tausenddollarschein. Er entschied sich für den sechsten Bettler, der nicht an dem Wettbewerb teilgenommen hatte und eindeutig der Faulste gewesen war. Er war auf dem Gras liegen geblieben, hatte weiter die Zeitung gelesen und sich die Sonne auf den Bauch scheinen lassen.

> Es klingt paradox, ist aber nichtsdestoweniger wahr: je näher der Mensch seinem Ziel kommt, ein Leben in Bequemlichkeit und Überfluss zu führen, umso mehr entzieht er einem sinnerfüllten Dasein den Boden.
> *Franz Alexander*

Und die Moral von der Geschichte? Wenn es die Umstände erfordern, kann es lohnender sein, sich der Muße hinzugeben als zu arbeiten.

In diesem Buch geht es um die vielfältigen Freuden, die es außerhalb der Arbeitswelt gibt. Einem Ruheständler zeigt es, was er alles mit seiner vielen freien Zeit anfangen kann, einem Arbeitslosen, wie er die Zeit bis zum nächsten Job genießen kann, und einem Berufstätigen, wie er von seiner begrenzten Freizeit profitieren kann.

In diesem Buch dreht sich mit anderen Worten alles um die Frage, wie man, unabhängig von der jeweiligen Situation, der Freizeit mehr Befriedigung und Freude abgewinnen kann. Herzlich willkommen in der Welt der Freizeit.

Freizeit — das Gegenteil von Arbeit, aber nicht ganz

Was versteht man eigentlich unter Freizeit? Eine interessante Frage, die gar nicht so einfach zu beantworten ist. In einem meiner Seminare kamen wir nach heftigen Diskussionen zu folgendem Schluss: »Freizeit ist die Zeit, die übrig bleibt, wenn man das Lebensnotwendige getan hat.« Das führt natürlich gleich zur nächsten Frage: Was versteht man unter »lebensnotwendig«? Essen ist zum Beispiel eine Notwendigkeit, aber ein gemütliches Abendessen in einem Restaurant ist ein Vergnügen. Der Genuss ausgedehnter lukullischer Mahlzeiten gehört zu meinen Lieblingsbeschäftigungen in der Freizeit. Für andere ist essen dagegen eine notwendige und lästige Angelegenheit.

Und was meint das Wörterbuch dazu? »Freizeit ist die Zeit, in der man nicht arbeitet, die der Erholung und Unterhaltung dient und in der man tun und lassen kann, was man will.« Wohin gehört also das Essen? Ist essen Arbeit? Oder Freizeit? Oder etwas ganz anderes? Überlassen wir den Philosophen die Entscheidung, ob essen Freizeit oder ob Freizeit essen ist, und wenden wir uns wieder diesem Buch zu, in dem es nicht um eine allgemein gültige Definition von Freizeit gehen soll, sondern darum, dass jeder für sich selbst entscheiden muss, was Freizeit für ihn bedeutet – und das kann sehr unterschiedlich sein. Trotzdem könnte man ungefähr Folgendes sagen: Freizeit ist die Zeit, die man nicht am Arbeitsplatz verbringt und in der man macht, was man will. Und auch das tut, was man sich vorgenommen hat! Das ist leichter gesagt als getan, denn Wollen und Tun sind zwei verschiedene Paar Stiefel. Es geht also um ein kurioses Paradox: Freizeit hat etwas damit zu tun, dass man *nicht* arbeitet; wenn sie befriedigend ausfallen soll, muss man aber hart daran arbeiten. Freizeit ist also nicht ganz das Gegenteil von Arbeit, sondern nur fast.

Der Traum von Freizeit, Ruhestand und Lotteriegewinn

Ob wir wollen oder nicht, früher oder später steht jeder vor der Frage, wie er seine Freizeit sinnvoll nutzen und genießen kann. Und zweifellos wird unsere Lebensqualität auch davon bestimmt, wie wir mit unserer freien Zeit umgehen.

Da Freizeit einst sehr rar war, galt sie jahrhundertelang als Luxus. Erst seit kurzem gibt es sie in einem solchen Überfluss, dass sich viele Menschen auf einen jahrzehntelangen Ruhestand einstellen können.

Unbegrenzte Freizeit ist für viele der Wunschtraum Nummer eins. Jeder möchte sich ein möglichst großes Stück vom Freizeitkuchen abschneiden. Manche träumen sogar von der totalen Freizeit, um endlich nicht mehr arbeiten zu müssen. Sie sind häufig aber gar nicht in der Lage, mit so viel freier Zeit umzugehen. Ausgedehnte Freizeit belastet sie eher, obwohl sie gesund und finanziell abgesichert sind und an vielen Aktivitäten Freude haben könnten.

Es ist eine Illusion, zu glauben, dass die Freizeitgestaltung unproblematisch ist. Verschiedene Untersuchungen belegen, dass es offenbar sehr vielen Menschen schwer fällt, mit freier Zeit sinnvoll umzugehen. Eine Untersuchung des amerikanischen Wirtschaftsministeriums hat ergeben, dass nur 58 Prozent der Bevölkerung mit ihrer Freizeitgestaltung einigermaßen zufrieden sind. 42 Prozent könnten also Hilfe bei der Aufwertung ihrer Freizeit gebrauchen. Auch wer einigermaßen zufrieden ist, freut sich vielleicht nicht so sehr über seine freie Zeit, wie er sich das eigentlich wünschen würde. Auch in solchen Fällen könnte ein bisschen Nachhilfe nicht schaden.

> Ach, im Angesicht des Todes erkennen zu müssen, dass man gar nicht gelebt hat!
> *Henry David Thoreau*

Im Allgemeinen verbringen wir den größten Teil unseres Erwachsenenlebens mit Arbeit. Wenn man die Zeit mit einberechnet, die man braucht, um sich für die Arbeit fertig zu machen, sowie den Weg zur Arbeit, die Gespräche, die sich um den Job drehen, und die Sorgen, die man sich um den Arbeitsplatz macht, denkt man während seines Arbeitslebens mehr über die Arbeit nach als über alles andere.

Wenn wir uns Gedanken über die Arbeit machen, träumen wir auch gerne davon, wie schön es mal ohne Arbeit sein wird. Als ich noch als Ingenieur beschäftigt war, fand ich es einigermaßen befremdlich, wenn sich die jungen Ingenieure und Techniker schon mit Ende Zwanzig ausgiebig über die Rente und den Ruhestand unterhielten. Offen gesagt war ich mit Ende Zwanzig an anderen Themen interessiert.

Die Gesellschaft will uns weismachen, dass Ruhestand und Glück ein und dasselbe sind. Den Ruhestand versteht man als die endgültige Erlösung von den Belastungen, die der Beruf mit sich bringt. Er soll ein mit lauter angenehmen und lohnenden Aktivitäten ausgefülltes Leben bringen.

Bis vor ein paar Jahren ließ ich mich wie die meisten Menschen meiner Generation von dieser gesellschaftlichen Programmierung leiten. Ich glaubte, dass mehr Freizeit das Ziel sei, das alle erwartungsvoll vor Augen haben und mit Erreichen des Ruhestands auch genießen. Jetzt weiß ich, dass es häufig nicht so ist. Der Beginn des Ruhestands kann nämlich eine Tragödie sein. Viele Menschen fühlen sich nutzlos und haben nichts mehr zu tun. Tod oder Senilität sind in den ersten zwei Jahren des Ruhestands nicht ungewöhnlich; auch Selbstmord ist nicht ausgeschlossen. Tatsächlich ist die Suizidrate amerikanischer Männer während des Ruhestands viermal höher als in allen anderen Lebensabschnitten.

Ein größerer Lotteriegewinn gilt allgemein als Ereignis, durch das sich das Leben auf ungeahnte Höhen schwingt. Als Millionär erhofft man sich endlich die Erfüllung aller Träume. Doch die Wirklichkeit scheint anders auszusehen. Ein Lotteriegewinner aus New York bereut es, seinen Job aufgegeben zu haben: »Ich vermisse meinen Job als Fernfahrer. Am schlimmsten ist, dass mir niemand mehr sagt, was ich tun soll.« Diesen Fall schildern Jerry und Rena Dictor LeBlanc in einer Studie über Menschen, die ganz plötzlich reich geworden sind.

Auf dieser Erde gibt es nur zwei Tragödien: die unerfüllten Wünsche und die erfüllten Wünsche.
Oscar Wilde

Die LeBlancs stellten fest, dass manche Menschen mit unbegrenzter Freizeit durchaus nicht glücklich sind. Nach einer jahrelangen, vom Arbeitgeber vorgegebenen Routine, ist es für sie häufig problematisch, mit einem unstrukturierten Tagesablauf umzugehen. Mancher Lottogewinner bleibt berufstätig, auch wenn Kollegen und Bekannte ihn aufziehen, weil er arbeitet, ohne auf das Geld angewiesen zu sein.

Eine Untersuchung eines bekannten amerikanischen Unternehmens ergab, dass mehr als die Hälfte aller Arbeitnehmer, die in eine Vorruhestandsregelung eingewilligt hatten, froh waren, als sie nach drei Monaten wieder an ihren Arbeitsplatz zurückkehren durften. Der Ruhestand war doch nicht das, was sie sich davon erhofft hatten. Ein Leben, das nur noch aus Freizeit bestand, machte keinen großen Spaß. Trotz aller Nachteile war die Arbeit insgesamt doch nicht so übel gewesen.

Die zwei Seiten des Müßiggangs

Vielen Menschen fällt es schwer, Dinge mit Muße zu tun. Unvorbereitet viel freie Zeit zu haben, kann Ängste auslösen, wenn man nicht rechtzeitig gelernt hat, Freude an Freizeitaktivitäten zu haben. Wenn man bis zum Zeitpunkt der Pensionierung keine Liebe zur Muße entwickelt hat, wird der Traum vom Müßiggang schnell zum Alptraum und endet mit einem bösen Erwachen

Hier die häufigsten Probleme, die man mit der Freizeit haben kann:
› Man langweilt sich alleine und mit anderen.
› Die Freizeitaktivitäten füllen einen nicht richtig aus.
› Man fühlt sich einsam.
› Man hat Ärger mit der besseren Hälfte, weil man sich zu nah auf der Pelle sitzt.
› Man hat zu wenig zu tun.
› Man hat viel zu tun, aber keine Zeit.
› Man ist unschlüssig, was man machen soll.
› Die eigenen finanziellen Mittel sind bescheiden, aber man hat Ansprüche wie ein Millionär.

> Man verfügt über ausreichende finanzielle Mittel, traut sich aber nicht, das Geld auszugeben.
> Man hat Schuldgefühle, wenn man gute Laune hat und sich etwas gönnt.
> Man hat nur Spaß an Dingen, die verboten, unmoralisch oder unvernünftig sind.

Die anderen Aspekte, die viel Freizeit mit sich bringen kann, sind weitaus erfreulicher. Unbegrenzte freie Zeit zu haben kann eine große Lebenschance sein. Manche Menschen schaffen es mühelos, sich an ein Leben voller Muße zu gewöhnen und finden es sogar befriedigender, als sie es sich vorgestellt hatten. Sie sind aktiver als je zuvor; jeder Tag ist ein neues Abenteuer. Sie können sich schließlich nichts Schöneres mehr vorstellen als ein Leben voller Freizeit.

Wenn dem Menschen auch nur die Hälfte seiner Wünsche erfüllt würden, würden sich seine Sorgen verdoppeln.
Benjamin Franklin

Sinnvoll genutzte Freizeit trägt zu einem Leben bei, von dem manche Menschen auf dieser Erde nur träumen können. Mehr Freizeit kann Folgendes bedeuten:
> Eine höhere Lebensqualität
> Die Entfaltung der Persönlichkeit
> Bessere Gesundheit
> Mehr Selbstachtung
> Weniger Stress und mehr Entspannung
> Befriedigung durch anregende Aktivitäten
> Spannende Abenteuer
> Mehr Ausgeglichenheit für Berufstätige
> Mehr Selbstbewusstsein, auch wenn man arbeitslos ist
> Eine Verbesserung des Familienklimas

Der Unterschied zwischen Erfolg und Misserfolg ist manchmal nur gering. Nachdem wir uns nun mit den problematischen und den bereichernden Aspekten der Freizeit befasst haben, wollen wir einen Blick darauf werfen, wie man ihr möglichst viel Positives abgewinnt.

Die folgende Übung ist die erste einer Reihe von Übungen, denen Sie in diesem Buch begegnen werden. Wenn Sie sich Zeit für diese Übungen nehmen, wird der Nutzeffekt dieses Buches für Sie umso größer sein. Wo mehrere Antworten zur Auswahl stehen, können Sie eigene Antworten einsetzen, wenn Ihnen die anderen nicht gefallen.

Übung 1

Welche der folgenden Dinge sind unverzichtbar, damit man seine Freizeit genießen kann?
› Eine ausgezeichnete Gesundheit
› Dass man in einer tollen Stadt wohnt
› Ein großer Bekanntenkreis
› Eine sympathische Persönlichkeit
› Ein Wohnmobil zu besitzen
› Reiselust
› Sportlichkeit
› Blendendes Aussehen
› Eine Superkondition
› Finanzielle Unabhängigkeit
› Ein mildes Klima
› Tolle Eltern
› Eine glückliche Ehe oder Partnerschaft
› Viele Hobbys

Bevor wir uns nun damit befassen, was wirklich wesentlich ist, wenden wir uns zur Veranschaulichung zwei Menschen zu, die mit ihrer freien Zeit nicht zurechtkommen.

Müßiggänger – ein aufreibender Beruf

Neulich unterhielt ich mich im Tennisclub mit meinem Tennispartner Delton; er ist 67 Jahre alt und finanziell unabhängig. Delton hat gerne für seine Firma gearbeitet, aber es hat ihn immer gestört, dass der Ruhestand mit 65 verbindlich war.

Als er dann Rentner wurde, wusste er nicht, was er mit seiner Zeit anfangen sollte. Nach zwei Jahren im Ruhestand war Delton dann heilfroh, als er wieder halbtags für seine Firma arbeiten durfte. Mit seiner Freizeit kann er nicht viel anfangen (außer, wenn er mich im Tennis schlägt). Delton vertraute mir sogar an, dass er sich früher nie auf die Wochenenden freute, weil er nicht wusste, was er an diesen freien Tagen machen sollte.

> Die Leute vergeuden mehr Zeit damit, auf jemanden zu warten, der ihr Leben in die Hand nimmt, als mit jeder anderen Beschäftigung.
> Gloria Steinem

Rich, auch ein Mitglied meines Tennisclubs, hat ebenfalls Probleme mit der Freizeit. Im Unterschied zu Delton hat Rich seine Pensionierung herbeigesehnt. Wie viele Einwohner von Edmonton träumte Rich davon, an die Westküste zu ziehen und dort sein arbeitsfreies Leben in vollen Zügen zu genießen. Rich konnte seinen Traum schon mit 44 Jahren verwirklichen. Er hatte seit seinem 19. Lebensjahr bei der Polizei gearbeitet, so dass er nach nur 25 Jahren mit einer anständigen Pension in den Ruhestand gehen konnte.

Nachdem Rich an die Westküste gezogen war, stellte er fest,

dass er nicht viel Talent zum Müßiggang hatte. Er kam mit so viel Freizeit überhaupt nicht zurecht. Also gründete er eine Firma. Als er bei dieser Unternehmung sein letztes Hemd verloren hatte (was zu verschmerzen ist, weil man an der Westküste kein Hemd braucht), versuchte er es mit diesem und jenem, einschließlich der zeitweiligen Rückkehr in seinen Beruf. Rich weiß immer noch nicht so recht, was er mit seinem Ruhestand anfangen soll. Schade, denn er ist in einer Situation, um die ihn viele beneiden.

Das Geheimnis des Müßiggangs

An seiner Freizeit kann man unabhängig von Alter, Geschlecht, Beruf oder Einkommen Freude haben. Ich kann das sagen, weil ich persönlich erfahren habe, dass ich ohne Arbeit genauso glücklich, wenn nicht sogar glücklicher bin. Und was ich kann, können andere auch. Ich habe über die Hälfte meines Erwachsenenlebens ohne Job verbracht und weiß aus eigener Erfahrung, wie man ohne Arbeit glänzend zurechtkommt. Mir gelingt es deshalb so gut, weil ich mich auf das konzentriere, was mir in meiner Freizeit wirklich Freude macht, und es dann auch wirklich tue.

Ich bin nicht mit mehr Begabungen oder Talenten gesegnet als andere auch. Jeder kann seine Freizeit in vollen Zügen genießen, man muss seine Talente nur richtig erkennen und sinnvoll einsetzen.

Warum schaffen es nun die einen, den Müßiggang zu genießen, und die anderen nicht?

Kommen wir noch einmal auf die Übung auf Seite 23 zurück. Wenn Sie auf der Liste irgendetwas angekreuzt haben, sind Sie noch nicht auf dem richtigen Weg. Nichts von dem, was ich in der Liste aufgeführt habe, ist notwendig, um ein Müßiggänger zu werden und ohne Arbeit glücklich zu sein. Jeder Punkt kann ein zusätzlicher Vorteil sein, aber keiner ist notwendig. Ich möchte betonen, dass auch die finanzielle Unabhängigkeit nicht zu den Notwendigkeiten gehört. Delton und Rich stehen beide finanziell blendend da und sind doch unglücklich mit ihrer freien Zeit. In einem späteren Kapitel werden wir uns mit der Rolle, die das Geld in diesem Zusammenhang spielt, näher befassen (→ S. 192 ff.). Der eine oder andere wird vielleicht der Meinung sein, dass eine gute Gesundheit unbedingt nötig ist. Gesund zu sein ist ein wichtiger Faktor, aber es gibt Menschen, die trotz angeschlagener Gesundheit ihre Freizeit und das Leben ganz allgemein genießen.

> Man ist in der Lage, etwas zu tun, weil man glaubt, dazu in der Lage zu sein.
> *Vergil*

Was ist also wirklich wichtig? Ein Müßiggänger hat ganz einfach die richtige Lebenseinstellung. Ohne diese gesunde Einstellung gibt es weder Freude noch Erfolg im Leben, und wenn Sie sie noch nicht haben, müssen Sie sich die Mühe machen und sie entwickeln. Dieses Buch befasst sich vor allem damit, wie man diese gesunde Einstellung zum Leben und zur Muße bekommen und sich bewahren kann.

Augen auf und durch!

Öfter mal was Neues

Es entsteht ein ganz neues Lebensgefühl, wenn man den Blickwinkel, aus dem man seine Lebensumstände sieht, verändert. Zwei Menschen können mit der gleichen Situation konfrontiert sein, zum Beispiel mit einer Entlassung, und doch kann der eine sie als Segen und der andere als Fluch empfinden. Ob man den Blickwinkel, aus dem man eine Situation sieht, verändern kann, hängt davon ab, wie weit man in der Lage ist, seine Einstellung zu hinterfragen und flexibel zu denken.

Kaum jemand beschäftigt sich ernstlich mit der Frage, warum er so denkt, wie er denkt. Wenn wir unser Denken hinterfragen, ebnen wir den Weg für neue Perspektiven und neue Werte, die veraltete Ansichten ersetzen. Wer seine Ansichten über die Arbeit und ihre Vorteile in Frage stellt, ist besser in der Lage, eine gesunde Einstellung zur Freizeit zu entwickeln. Wer seine Ansichten nie in Frage stellt, muss mindestens zwei Dinge befürchten:

› Man entwickelt festgefahrene Denkstrukturen, die den Blick auf Alternativen verstellen.
› Man übernimmt vielleicht Wertmaßstäbe, die zu einer bestimmten Zeit sinnvoll waren. Doch die Zeiten ändern sich und mit ihr die Werte. Trotzdem legt man Maßstäbe an, die längst veraltet und nicht mehr angemessen sind.

Was Hänschen nicht lernt ... kann Hans immer noch lernen

Malen Sie einen schwarzen Punkt (wie oben) auf eine weiße Tafel und fragen Sie eine Gruppe Erwachsener, was sie sehen. Die meisten werden sagen, sie sehen nichts weiter als einen schwarzen Punkt. Zeigen Sie diesen Punkt einer Grundschulklasse, und Sie werden verblüffende und bezaubernde Antworten wie diese hören:
> Die Dunkelheit hinter einem runden Fenster
> Einen zusammengerollten schwarzen Bären
> Eine Radkappe
> Ein Pferdeauge
> Eine schwarze Murmel
> Das Innere einer Pfeife
> Einen Schokoladenkeks

Wir kommen alle mit einem ausgeprägten Vorstellungsvermögen auf die Welt. Beim Kind sind Erfindungsreichtum und Fantasie besonders gut entwickelt. Da ein Kind alles um sich herum wahrnimmt, verfügt es über eine unbegrenzte Lebensfreude.

Irgendwann im Laufe der Kindheit gehen den meisten Menschen diese Fähigkeiten verloren. Die Gesellschaft, die Schule und unsere Eltern beeinflussen uns mit ihrer Sichtweise. Wir werden darauf konditioniert, nach Anerkennung zu streben. Um gesellschaftlich akzeptiert zu werden, hören wir auf zu fragen. Wir sind geistig nicht mehr so flexibel, und unsere Wahrnehmungsfähigkeit nimmt ab.

Die Folge ist, dass wir nur noch in bestimmen Bahnen denken. Wir ändern nur ungern unsere Anschauungen und Überzeugungen, was eine falsche, unvollständige oder unzeitgemäße Sicht der Dinge fördert. Diese verzerrte Wahrnehmung steht unserer Kreativität und unserer Lebensfreude im Wege.

Kreativität geht Hand in Hand mit einer positiven Lebenseinstellung. In jedem Bereich sind kreative Menschen langfristig gesehen am erfolgreichsten. Sie erkennen Chancen, wo andere nur unüberwindliche Probleme sehen.

> Die meisten Menschen denken nur ein- oder zweimal im Jahr nach. Ich bin damit weltberühmt geworden, dass ich ein- oder zweimal in der Woche nachdenke.
> *George Bernard Shaw*

Wissenschaftliche Untersuchungen haben ergeben, dass der Hauptunterschied zwischen kreativen und weniger kreativen Menschen im Wesentlichen darin besteht, dass kreative Menschen sich selbst für kreativ halten. Die weniger Kreativen denken in festgefahrenen Bahnen und trauen sich Kreativität nicht zu.

Eine positive Lebenseinstellung setzt die Erkenntnis voraus, dass wir unsere Ansichten immer wieder hinterfragen müssen, um nicht der Selbsttäuschung zu erliegen. Wer sich nicht angewöhnt, die eigenen Überzeugungen genauer zu prüfen, läuft Gefahr, sich ein falsches Bild von der Wirklichkeit zu machen. Das kann gravierende Folgen haben, die von Enttäuschungen über Depressionen bis hin zu Psychosen reichen.

Viele freunden sich nur ungern mit dem Gedanken an, dass ihr eigenes Verhalten und ihre Ansichten an ihrem Misserfolg schuld sein könnten. Sie haben Angst, dass ihre Ausreden, warum sie im Spiel des Lebens nicht zu den Gewinnern gehören, nicht mehr gelten. Ich habe die Beobachtung gemacht, dass die Menschen, die sich am heftigsten gegen Veränderungen und die Vorstellung wehren, dass ihre Auffassungen falsch sein könnten, besonders gut daran täten, eine kreative Denkweise zu entwickeln, um mehr Erfüllung in ihrem Leben zu finden.

Hans kann immer noch lernen, was Hänschen nicht gelernt hat, wenn er nur lernen will. Keiner kann uns daran hindern, unser Verhalten zu ändern, außer wir selbst. Für gewöhnlich wird das Alter vorgeschoben. Der uralte Vorwand, man sei zu alt, um etwas zu ändern, wird immer von denen vorgeschoben, die schon in jungen Jahren festgefahren waren.

Mit anderen Worten, die ablehnende Haltung gegenüber Veränderungen – nicht das Alter – gerät mit der Fähigkeit zur Veränderung in Konflikt. Das Alter ist für einen unvoreingenommenen und fantasievollen Erwachsenen kein Hinderungsgrund, neue Wertmaßstäbe und Verhaltensweisen zu entwickeln.

Unter den Blinden ist der Einäugige König

Übung 2

Ein erfolgreicher, aber unglücklicher amerikanischer Unternehmer hatte ein beträchtliches Vermögen angehäuft. Er beschloss, sich zur Ruhe zu setzen und das Leben zu genießen; er merkte aber bald, dass ihn auch das nicht glücklich machte.

Weil sein Leben so leer war, machte er sich auf die Suche nach einem Zen-Meister, der die drei entscheidenden Geheimnisse kannte, die zu einem erfüllten Leben führen. Er suchte fast zwei Jahre lang, bis er diesen Meister schließlich auf einem entlegenen Berggipfel fand.

Der Zen-Meister enthüllte bereitwillig die drei Geheimnisse, durch die ein glückliches und erfülltes Leben zu erlangen ist. Der Unternehmer war überrascht.

Wie lauteten die drei Geheimnisse?
1. _____
2. _____
3. _____

Du sagst: »Das Leben ist ein Scherz!« Ist das etwa die ganze Erleuchtung?

Der Schlüssel zu mehr Lebensfreude ist geistige Beweglichkeit. »Unter den Blinden ist der Einäugige König«, sagt ein altes Sprichwort. Wer flexibel ist, sieht Dinge in der Welt, die andere nicht sehen.

Doch zurück zu unserer Übung: Haben Sie die drei Geheimnisse für ein erfülltes Leben herausgefunden? Dem Zen-Meister zufolge lauten sie:

1. Sei wach und aufmerksam!
2. Sei wach und aufmerksam!
3. Sei wach und aufmerksam!

> Das Verborgene entdecken wir irgendwann. Das vollkommen Selbstverständliche zu entdecken dauert länger.
> *Edward R. Murrow*

Kreative Menschen beobachten die Welt um sich herum sehr aufmerksam und entdecken immer wieder neue Lebenschancen. Unkreative Menschen laufen mit Scheuklappen durchs Leben und erkennen ihre Chancen daher nicht.

Also – Augen auf, wenn Sie sich nach einem erfüllten Leben sehnen! Der Weg zu einer positiven Lebenseinstellung führt über die Fähigkeit, die Aufmerksamkeit und das Bewusstsein auf Neues zu konzentrieren und Altbekanntes aus einem neuen Blickwinkel zu betrachten. Für unbewegliche Menschen ist es eine beträchtliche Anstrengung, es erfordert Mut, festgefahrene Vorstellungen zu ändern und das Leben und die freie Zeit auf neue Art zu erleben.

Jetzt werden Sie vielleicht sagen, dass einem doch schon der gesunde Menschenverstand sagt, wie man seine Freizeit genießen und sinnvoll gestalten kann. Da haben Sie vollkommen Recht. Warum schreibe ich dann aber ein ganzes Buch darüber? Weil manche Menschen es sich gerne kompliziert machen, obwohl es auch einfach geht.

Aufgepasst!

Jeder ist bis zu einem gewissen Grad unaufmerksam. Unsere vorgefassten Meinungen beeinflussen unsere Wahrnehmung, so dass uns vieles entgeht.

Machen Sie die vier Übungen auf den folgenden Seiten, um Ihre Wahrnehmungsfähigkeit zu testen. Entgeht Ihnen wirklich nichts? Nehmen Sie sich für die Übungen ein wenig Zeit.

Übung 3

Sehen Sie sich die folgenden beiden Kästen an und fahren Sie dann mit den anderen Übungen fort.

| Der Spatz in der der Hand | ist besser als die Taube auf dem Dach |

Übung 4

Finden Sie in diesem Vexierbild die Anzahl der Dreiecke heraus.

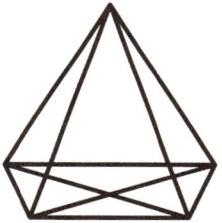

Übung 5

Die folgende Gleichung ist aus Streichhölzern gelegt. Sie ist falsch. Verschieben Sie nur ein Streichholz, damit die Gleichung korrekt wird.

Übung 6

Obwohl ich eigentlich ein Elektroingenieur bin, wollte ich auch einmal etwas Mechanisches entwerfen. Dies hier ist die Skizze eines neuen Tandems, das ich erfunden habe, um meinen Mitmenschen die Freizeit zu verschönern. (Beeindruckend, nicht?) Prüfen Sie, welche Vorteile diese neue Tandem-Konstruktion hat.

Der richtige Durchblick

Wenn Sie sich die zwei Kästen bei der dritten Übung genau angesehen haben, müssten Sie Folgendes gelesen haben:

Der Spatz in der der Hand ist besser als die Taube auf dem Dach.

Wenn Sie das doppelte »der« nicht gesehen haben, zeigt das, dass Sie nicht alles sehen, was zu sehen ist. Ebenso könnten Sie manche Lösung übersehen, wenn es um Ihre Lebensprobleme geht.

> Manche Menschen sehen die Dinge, wie sie sind, und fragen: »Warum?« Ich sehe die Dinge, wie sie niemals waren, und frage: »Warum nicht?«
> *George Bernard Shaw*

Bei Übung 4 entdeckt kaum jemand mehr als 25 Dreiecke. Haben Sie alle gesehen? Es sind 35. Bei der fünften haben Sie vielleicht ein oder zwei Lösungen gefunden? Wenn ja – großartig! Weniger großartig ist es allerdings, wenn Sie es dabei bewenden ließen. Ich kenne über 20 Lösungen für diese Aufgabe, die jeder herausfinden kann, wenn er sich etwas Zeit dafür nimmt. Wenn Ihnen immer nur eine Lösung für Ihre Probleme einfällt, lassen Sie sich die Chance entgehen, aufregendere oder bessere Lösungen zu entwickeln.

Was halten Sie von meinem Fahrrad in Übung 6? Wenn Ihr Urteil absolut negativ ausfällt, haben Sie meinen Entwurf nicht genau genug geprüft. Wenn Ihnen nicht wenigstens ein paar positive und ein paar negative Punkte eingefallen sind, haben Sie mein »ausgefallenes Design« vorschnell beurteilt und nicht lange genug darüber nachgedacht. An positiven Aspekten hätte Ihnen einfallen können, dass das hintere Rad als Ersatz dienen kann, wenn das vordere platt ist. Oder wie komfortabel es sich fährt, wenn man zwei Hinterreifen hat. Dieses Fahrrad ist außerdem einem konventionellen Modell überlegen, wenn schwere Lasten transportiert werden müssen, und für Übergewichtige ist es geradezu ideal. Es könnte auch sein, dass die Leute es wegen seines neuen und andersartigen Designs als Statussymbol haben wollen. In diesem Entwurf stecken also ungeahnte Möglichkeiten, die man alle in Erwägung ziehen muss, um zu einer richtigen Bewertung zu kommen. Wer eigene Ideen oder Vorschläge anderer bewertet, sollte immer erst alle Vorteile und Nachteile abwägen, bevor er eine Entscheidung trifft.

Eine genaue Wahrnehmung ist schon das halbe Leben: Was man nicht sieht, kann man auch nicht finden. Anhand der Übungen konnten Sie testen, wie aufmerksam Sie sind. Wenn Ihnen das eine oder andere entgangen ist, ist das für Sie vielleicht ein Anlass, in Zukunft mit offeneren Augen durchs Leben zu gehen.

Nur Narren und Tote ändern sich nicht

Die Welt verändert sich heute so schnell wie nie zuvor. Wer dabei mithalten will, muss aufpassen, dass seine Ansichten, Vorstellungen und Wertmaßstäbe nicht verkrusten. Wer flexibel ist, macht es sich im Leben entschieden leichter.

Für ihn bedeutet dieses Fahrrad Freizeit, für mich Arbeit.

Manche Menschen trauen sich nicht, ihre Ansichten zu ändern, weil sie es für ein Zeichen von Schwäche halten. Im Gegenteil, wer sich verändern kann, ist stark und hat den Willen, sich weiter zu entwickeln. Also strengen Sie sich an, denn »nur Narren und Tote verändern sich nicht«, wie ein altes englisches Sprichwort sagt.

Wer über seine gegenwärtigen Ansichten und Überzeugungen hinausblickt, eröffnet sich ganz neue Dimensionen im Leben. Wachen Sie auf und stellen Sie alles in Frage, was Sie bisher geglaubt haben! Werfen Sie alles über Bord, was unbrauchbar ist. Und gewöhnen Sie sich gleichzeitig an, neue Werte und Verhaltensweisen anzunehmen und zu prüfen, ob sie etwas taugen.

Die Wiederbelebung der Kreativität

Einem Bericht der Zeitschrift ›Business Week‹ zufolge besitzt ein Vierzigjähriger nur noch zwei Prozent der Kreativität eines fünfjährigen Kindes. Offenbar erleidet unsere Fantasie unterwegs erheblich Schiffbruch, wenn wir schon mit Vierzig über 90 Prozent unserer Kreativität eingebüßt haben. Was ist passiert?

Wenn wir gezwungen sind, entweder unsere Ansichten zu ändern oder zu beweisen, dass dies nicht nötig ist, machen sich die meisten sofort mit Feuereifer an den Beweis.
John Kenneth Galbraith

Die größte Blockade für unsere Kreativität sind wir selbst – wenn wir uns von gesellschaftlichen Zwängen beeinflussen und einengen lassen. Wir bauen auch viele private Barrieren auf, die den

Einsatz unserer Fantasie verhindern. Die Angst zu versagen bremst die Kreativität ebenso wie Bequemlichkeit und eine eingeschränkte Wahrnehmung. Doch trotz aller dieser Hemmnisse hat jeder ein angeborenes kreatives Potenzial, das er nur wiederbeleben muss.

Die 17 Regeln der Kreativität

Um Ihre Kreativität neu zu entdecken, müssen Sie zunächst einmal die 17 Regeln der Kreativität beherzigen. Wenn Sie diese Kreativitätsprinzipien beruflich und privat anwenden, wird sich Ihr Leben, egal wie alt Sie sind und was Sie beruflich machen, grundlegend verändern.

› Sagen Sie Ja zur Kreativität!
› Geben Sie sich nicht mit *einer* Lösung zufrieden!
› Schreiben Sie Ihre Ideen auf!
› Analysieren Sie Ihre Ideen!
› Setzen Sie sich Ziele!
› Betrachten Sie Probleme als Herausforderungen!
› Suchen Sie nach dem Nächstliegenden!
› Keine Angst vor dem Risiko!
› Wagen Sie es, sich von der Masse abzuheben!
› Seien Sie unvernünftig!
› Seien Sie fröhlich, und schlagen Sie auch mal über die Stränge!
› Reagieren Sie spontan!
› Genießen Sie den Augenblick!
› Denken Sie gegen den Strich!
› Stellen Sie Regeln und Annahmen in Frage!
› Urteilen Sie nicht vorschnell!
› Geben Sie nicht auf!

Ob Sie nun auf fantasievolle Weise schreiben, malen oder tanzen, sich einen anderen Heimweg ausdenken oder andere Leute kennen lernen wollen – Sie brauchen dazu keine besondere Begabung, nur den *Willen* zur Fantasie.

Die Erde ist schon lange rund!

Ob man in die faszinierende Welt eines mühelosen Lebens eintauchen kann, hängt davon ab, wie erfolgreich man gegen den Strom gesellschaftlicher Konventionen geschwommen ist. Jede Gesellschaft versucht ihren Mitgliedern moralische Werte aufzudrängen. Die Geschichte lehrt uns aber, dass diese Werte nicht selten dem Einzelnen oder der Gesellschaft im Ganzen schaden. Beachten Sie bitte, dass ich gesagt habe, die Gesellschaft *versucht* es; sie ist aber nicht immer erfolgreich. Nicht jeder unterwirft sich den gesellschaftlichen Konventionen. Es gibt auch kritische Menschen, die sich nicht von gesellschaftlichen Wunschvorstellungen beeinflussen lassen, wenn diese ihnen suspekt erscheinen. Das sind dann diejenigen, die unsere gesellschaftliche Entwicklung vorantreiben.

Noch vor ein paar Jahrhunderten glaubten die meisten Menschen, die Erde sei eine flache Scheibe, obwohl das Gegenteil schon längst bewiesen war. Sie konnten sich von dieser Vorstellung lange nicht lösen.

An veralteten Anschauungen festzuhalten ist heutzutage genauso üblich wie vor einigen Jahrhunderten. Die Menschen klammern sich an ihre gewohnten Vorstellungen und geben nur ungern zu, dass sie falsch waren; dadurch könnte ja ihr Ego angekratzt werden. Anstatt eine neue und ungewohnte Sichtweise zu übernehmen, hält man lieber am Althergebrachten fest.

Die heutige Gesellschaft hält sich, wie fast alle bisherigen Gesellschaften, für äußerst fortschrittlich; es hat sich aber kaum etwas verändert, denn auch heute noch gibt es viele Menschen, die am liebsten an überholten Vorstellungen festhalten. Gerade was Beruf und Freizeit betrifft, sind so manche gesellschaftlichen Werte nicht mehr zeitgemäß. Zukünftige Gesellschaften werden unsere heutigen Ansichten in Bezug auf Arbeit und Freizeit vielleicht als ebenso primitiv empfinden, wie wir die Vorstellung, die Welt sei eine Scheibe.

Arbeitsmoral ist Sklavenmoral

Arbeiten oder nicht?

Wer mehr Freude an der Freizeit haben will, sollte sich als Erstes Gedanken über die Arbeit machen. Man muss sich dabei vor allem von ein paar veralteten Vorstellungen über die Arbeit trennen. Unabhängig von der jeweiligen Lebenssituation sollte man erkennen, dass sich die Lebensqualität durchaus verbessern kann, wenn man keine Arbeit hat, sonst wird man an der zugewonnenen Freizeit keine Freude haben.

> Das Niveau einer Kultur lässt sich am besten an dem Niveau ihrer Freizeitkultur messen.
> *Irwin Edman*

Übung 7

Wie ich schon im vorigen Kapitel erwähnt habe, hängt es zum Teil davon ab, wie unvoreingenommen man ist, ob man seine Freizeit genießen kann. Unterziehen Sie also Ihre Ansichten über die Arbeit einer kritischen Prüfung und beantworten Sie folgende Fragen:
› Glauben Sie, dass harte Arbeit der Schlüssel zum Erfolg ist? Wenn ja, warum?
› Glauben Sie, dass eine Gesellschaft produktiv ist, wenn alle Menschen zwischen 16 und 65 Jahren, soweit sie dazu in der Lage sind, mindestens 40 Wochenstunden arbeiten?
› Sind Bettler eine Belastung für die Gesellschaft?

Es gibt keine richtigen und falschen Antworten auf diese Fragen. Ich will Sie nur dazu anregen, über Ihre Wertvorstellungen in Bezug auf Arbeit und Freizeit nachzudenken. Ich hoffe, dass die nächsten Seiten Ihr Denken in etwas andere Bahnen lenken.

Der schlechte Einfluss der protestantischen Arbeitsmoral

Unsere Arbeitsmoral ist kein alter traditioneller Wert. Die meisten unserer Vorfahren hätten sie entschieden abgelehnt. Wer ist also der Schuldige, der Arbeit und Arbeitsmoral erfunden hat? Die Arbeitsmoral kam mit der industriellen Revolution. Lange Arbeitszeiten entstanden gleichzeitig mit den Fabriken. Von 1890 bis 1950 reduzierte sich die wöchentliche Arbeitszeit von 60 auf 40 Stunden. Seitdem ist sie relativ konstant geblieben. Die Folgen der Arbeitsmoral, die die industrielle Revolution mit sich gebracht hat, wirken bis heute nach.

Wer nur halbtags arbeitet, gilt nicht als vollwertiges Mitglied der Gesellschaft. Obwohl es sich viele leisten könnten, weniger zu arbeiten, nimmt kaum jemand diese Gelegenheit wahr, weil viele ein schlechtes Gewissen haben, wenn sie weniger arbeiten.

Werfen wir einen Blick zurück in die Geschichte, als die Arbeit noch in einem anderen Licht betrachtet wurde. Die alten Griechen empfanden es als vulgär, zu arbeiten. Arbeit um der Arbeit willen war etwas für Sklaven und verriet eine mangelnde Produktivität. Es gab nur einen Grund, zu arbeiten, nämlich um sich mehr Freizeit zu verschaffen. Sokrates behauptete, dass Menschen, die körperlich arbeiten, schlechte Bürger und schlechte Freunde seien, denn sie hätten keine Zeit für den Dienst an der Gemeinschaft und für Freundschaften. Die alten Griechen und Römer überließen die körperliche Arbeit den unteren Klassen oder den Sklaven. Sie hatten nicht einmal ein Wort für das, was wir heute Arbeit nennen.

Auch im übrigen Europa gab es lange keinen Begriff für die Arbeit, wie wir sie heute kennen. Obwohl die Bauern im Mittelalter arm und unterdrückt waren, kannten sie keine endlosen Arbeitsstunden. Sie legten für jeden noch so unbedeutenden Heiligen einen Feiertag ein, so dass sich nach und nach die Arbeitstage verringerten und die Feiertage vermehrten. Eine Zeit lang gab es 115 Feiertage im Jahr. Mit dem Aufkommen der Arbeitsmoral verschwanden alle diese Feiertage.

Für die alten Griechen war Freizeit nicht nur eine Arbeitspause; sie war ein Wert an sich. In der Freizeit war man sogar am produktivsten, was ja auch der Sinn der Sache ist. Man konnte diese Zeit zum Nachdenken, Lernen und zur Weiterentwicklung seiner Persönlichkeit nutzen. Wenn man der Meinung ist, dass es nichts Großartigeres gibt, als an sich zu arbeiten und sich selbst zu verwirklichen, für den ist die Auffassung der alten Griechen absolut stimmig.

Aber dann tauchte die protestantische Arbeitsmoral auf und machte diese vernünftige Einstellung zur Arbeit zunichte. Aus unerfindlichen Gründen drehte sich die Gesellschaft in die verkehrte Richtung und machte sich die neue Moral zu eigen. Dieser Wandel kehrte die Rollen von Freizeit und Arbeit um. Die Arbeit wurde zur produktivsten Beschäftigung. Die Freizeit diente nur noch zur Erholung, um danach umso besser arbeiten zu können.

Diese »moderne« Anschauung basiert auf einem Gefühl der Schuld. Schuldgefühle machen auf perfide Weise jede Freude zunichte. Für manche Menschen stehen solche negativen Gefühle derart im Vordergrund, dass sie ihnen sogar den Urlaub verderben. Sie lassen sich durch ihre Schuldgefühle ihre freie Zeit vermiesen und kommen negativ gestimmt wieder nach Hause.

Wir sind heute schon so weit, dass wir uns aus lauter Respekt vor der Arbeit damit brüsten, wie hart wir arbeiten, auch wenn der Job eintönig und langweilig und der finanzielle Gewinn bei Überstunden gleich Null ist. Viele Menschen sind zu Märtyrern geworden und haben die Chance zur Selbstverwirklichung gegen ein Sklavendasein eingetauscht. In erster Linie profitiert die Firma davon, nicht sie selbst.

> Kümmere dich nicht zu sehr um die Moral, du bringst dich sonst ums halbe Leben.
> *Henry David Thoreau*

Mit der Umkehrung der Rollen von Arbeit und Freizeit wurde die Arbeit zum einzigen Maßstab. In der modernen Welt hat die Freizeit einen viel geringeren Status als die Arbeit. Viele halten sie für Zeitverschwendung. Ohne Arbeit fühlen sich viele Menschen wertlos und verlieren ihre Selbstachtung. Nicht selten beginnen sie zu trinken oder werden ihrem Partner untreu.

Die moderne Technologie in den westlichen Ländern hat es ermöglicht, dass Freizeit nicht länger ein Privileg des Adels ist, sondern fast allen Menschen zur Verfügung steht. Mit Sicherheit würden die fortschrittlichen Denker des alten Griechenlands die Welt nicht mehr verstehen, wenn sie wüssten, dass die Menschen heute mehr Freizeit denn je haben, aber nicht wissen, was sie damit anfangen sollen. Sie würden verständnislos den Kopf über diejenigen schütteln, die unermüdlich arbeiten, ohne es finanziell nötig zu haben.

Ich weiß nicht, was die Menschen dazu bewogen hat, den Wandel der Rollen von Arbeit und Freizeit und seine Folgen hinzunehmen. Aber so viel ist klar: Die alten Griechen wären nicht nur erstaunt, sondern entsetzt über diese Entwicklung. Sie würden einen Großteil der modernen Gesellschaft für verrückt oder für masochistisch halten.

Gehört die Arbeit zum guten Ton?

Es ist vernünftig, einer unangenehmen Arbeit nachzugehen, wenn sie zum Überleben notwendig ist. Einer unangenehmen Arbeit nachzugehen, obwohl man genug Geld hat und es nicht tun müsste, ist dagegen irrational. Trotzdem plagen sich unendlich viele Leute mit einem lästigen Job, weil sie sich moralisch dazu verpflichtet fühlen.

Den meisten ist dabei leider nicht klar, dass es viele negative Konsequenzen haben kann, wenn man Arbeit für eine Tugend hält. Obwohl wir für unseren Lebensunterhalt arbeiten müssen, trägt die Arbeit weniger zu unserem Wohlbefinden bei, als wir denken.

Ich möchte gerne eins klarstellen: Ich sage nicht, dass wir uns auf die faule Haut legen sollen. Womöglich denken Sie, ich leide an Ergophobie (Arbeitsscheu). Ganz im Gegenteil, meine selbstgewählte Arbeit befriedigt mich außerordentlich. Die Arbeit an diesem Buch ist nur ein Beispiel dafür.

Was ich sagen will, ist Folgendes: Arbeit nur um der Arbeit willen ist unserem Glück und unserer Lebensfreude abträglich. Das ist keineswegs etwas Neues. Bertrand Russell hat schon 1932 behauptet, unsere Einstellung in Bezug auf Arbeit und Freizeit sei nicht mehr zeitgemäß und trage zur gesellschaftlichen Misere bei. In seinem Essay ›Lob des Müßiggangs‹ schreibt er: »Arbeitsmoral ist Sklavenmoral, und die moderne Welt hat keinen Bedarf an Sklaven.«

Russells Essay ist heute noch genauso relevant wie vor 60 Jahren. Obwohl sich die Welt dramatisch verändert hat, haben sich unsere Ansichten kaum gewandelt. Man trennt sich nicht leicht von alten Werten und Überzeugungen.

Lassen Sie mich an einem Beispiel verdeutlichen, welche grotesken Folgen es haben kann, wenn man an dem Glauben festhält, dass harte Arbeit eine Tugend ist. Nehmen wir einmal an, dass zu irgendeinem Zeitpunkt eine Anzahl von X Büroklammern auf der Welt benötigt werden. Mit der gängigen Technologie braucht man eine Zahl von Y Arbeitern, um diese Büroklammern herzustellen. Sie alle arbeiten zehn Stunden täglich, und jeder wünscht ihnen mehr Freizeit. Angenommen, jemand erfindet eine neue Maschine zur Herstellung von Büroklammern, für die nur noch die Hälfte an Arbeitskräften benötigt wird, um dieselbe Menge von Büroklammern zu produzieren. Ginge es in der Welt vernünftig zu, würden die Arbeiter nur noch halb so lange arbeiten. Sie hätten dann erheblich mehr Freizeit.

> Besser gefaulenzt und gefeuert als nie gefaulenzt.
> James Thurber

In der Welt geht es aber nicht vernünftig zu. Weil jeder glaubt, er sei verpflichtet, weiterhin zehn Stunden täglich zu arbeiten, arbeiten alle diese zehn Stunden ab, bis es zu einer Überproduktion von Büroklammern kommt. Daraufhin wird die Hälfte der Arbeiter entlassen, womit niemandem gedient ist. Die Entlassenen haben zu viel Freizeit und zu wenig Geld, die verbliebenen Arbeiter sind überarbeitet und haben zu wenig Freizeit. Anstatt alle glücklich zu machen, verursacht die unvermeidliche Zunahme der Freizeit nur Verdruss. Die Arbeitsmoral hat schließlich nur dazu beigetragen, die Unzufriedenheit zu vergrößern.

Nur wenn unsere Moralvorstellungen mit der Veränderung der Welt Schritt halten, können wir solche misslichen Zustände vermeiden.

Das Gesetz des zunehmenden Schadens

In den westlichen Industrienationen, vor allem in den USA, gilt harte Arbeit als Schlüssel zum Erfolg. Entgegen der allgemeinen Ansicht, entspricht das aber selten der Wirklichkeit. Aus unerfindlichen Gründen übersehen diejenigen, die harte Arbeit für eine Tugend halten, die Tatsache, dass Millionen von Menschen ihr Leben lang schuften, nur um am Ende völlig ausgelaugt dazustehen. Das kann kaum ihr Traum gewesen sein.

Nur weil uns ein gewisses Maß an Arbeit gut tut, folgt daraus nicht automatisch, dass doppelt so viel Arbeit doppelt gut tut. Ab einem gewissen Punkt greift das Gesetz des abnehmenden Ertragszuwachses: zusätzliche Arbeitsstunden bringen immer weniger.

Und es geht bergab. Wir kommen schließlich an einen Punkt, an dem, wie ich es nenne, das »Gesetz des zunehmenden Schadens« wirkt. Jede zusätzliche Arbeit vermindert nun die Lebensfreude und führt zu den unerfreulichen Begleiterscheinungen seelischer und körperlicher Erschöpfung.

Eine ganzes Volk spielt verrückt

Können Sie sich das vorstellen? Ein ganzes Volk liebt die Arbeit über alles. Die Arbeitsmoral nimmt so überhand, dass Fabrikarbeiter auf die ihnen zustehenden, ohnehin spärlichen sieben Tage Jahresurlaub zum Teil verzichten und stattdessen bei ihren Maschinen bleiben und arbeiten.

Die ganze Nation spielt verrückt. Geschäftsleute bestehen wie alle anderen darauf, sechs Tage in der Woche zu arbeiten. Obwohl ihnen 20 Tage Urlaub zustehen, nehmen sie nicht mehr als ein Fabrikarbeiter. Im Urlaub können sie sich dann nicht entspannen. Stattdessen hetzen sie von einem Ort zum anderen und verausgaben sich bei der Jagd nach dem ultimativen Freizeitvergnügen. Sie haben die Arbeitsmoral so verinnerlicht, dass sie gar nicht wissen, was Freizeit ist. Es kommt so weit, dass die Gesundheit der Bevölkerung gefährdet ist. Die Regierung greift ein und entwickelt Programme, die den Leuten wieder den richtigen Umgang mit Freizeit beibringen sollen.

Diese Situation ist nicht erfunden; in Japan ist sie Wirklichkeit.

Die japanische Regierung plant auf lange Sicht eine Verbesserung der Lebensqualität durch eine Verlängerung der Freizeit. Mit Hilfe des Arbeitsministeriums hat die Regierung eine Posterserie entwickelt, die für mehr Freizeit wirbt. Auf einem dieser Poster heißt es: »Die Fünftagewoche muss zur gesellschaftlichen Wirklichkeit werden.« Das Ministerium hat außerdem ein Handbuch unter dem Titel: ›Wege zur Entspannung. Eine Anleitung für Arbeitnehmer‹ herausgegeben, das Arbeitern Anregungen für die Freizeitgestaltung gibt.

Anderen bei der Arbeit zuzusehen macht mich schon müde. Aber ihr beide schuftet ja schwerer als die Japaner. Ich brauche dringend meinen Mittagsschlaf.

Fast zwei Drittel aller Japaner machen laut einer Umfrage weniger als zehn Tage Urlaub im Jahr. Viele würden aber gern mehr freie Tage haben. Raten Sie mal, was die meisten mit ihrer zusätzlichen freien Zeit anfangen wollten? Über 85 Prozent hatten den Wunsch, einfach mehr zu schlafen. Daraus könnte man entweder schließen, dass sie durch die viele Arbeit übermüdet sind oder dass die Arbeitsmoral sie zu fantasielosen Menschen gemacht hat.

Die Japaner tun sich offenbar besonders schwer mit der Vorstellung, nicht zu arbeiten. Als mein Buch in Japan veröffentlicht werden sollte, bereitete es dem Verlag viel Kopfzerbrechen, welchen Titel die japanische Ausgabe haben sollte, ohne die Leser, vor allem ältere, vor den Kopf zu stoßen. Schließlich entschied man sich dafür, das Buch ›Zelinskis Gesetz‹ zu nennen.

Mörderische Arbeitswut

Viele Japaner sind nicht nur müde, sondern überarbeitet und erschöpft. Eine Umfrage einer japanischen Lebensversicherung hat ergeben, dass nahezu die Hälfte aller japanischen Arbeitnehmer befürchtet, dass ihr Job sie vorzeitig ins Grab bringt.

Ein Königreich für einen Augenblick Zeit!
Queen Elisabeth I.

Die japanische Arbeitsmoral ist so unerbittlich, dass sie schon eine eigene Krankheit hervorgebracht hat. *Karoshi* ist der japanische Begriff für den plötzlichen Tod durch Überarbeitung. Untersuchungen haben gezeigt, dass zehn Prozent aller Todesfälle bei Männern darauf zurückzuführen sind. Betroffene Familien haben bereits erfolgreich gegen Firmen geklagt, die sie für den Tod ihrer Lieben mitverantwortlich machen. 1996 wurde Dentsu, die größte japanische Werbeagentur, dazu verurteilt, den Eltern eines Mannes, der sich wegen chronischer Überarbeitung und Schlafmangel das Leben genommen hatte, umgerechnet über eine Million Dollar Entschädigung zu zahlen.

Ich persönlich finde, dass Menschen, die an Überarbeitung sterben, ob in Japan, Amerika oder wo auch immer, ganz allein selbst schuld sind. Wer dumm genug ist, so viel zu arbeiten, wo es im Leben so viele wunderbare Dinge zu tun gibt, für den hält sich mein Mitleid in Grenzen. Im Übrigen, die Japaner hätten gar keinen neuen Ausdruck für ihre Krankheit erfinden müssen. Sie hatten schon einen: *Hara-kiri* wäre ebenso zutreffend gewesen.

Bart Simpson als Hoffnungsschimmer

Bei den jungen Erwachsenen in Japan zeichnet sich, wie auch unter den jüngeren Amerikanern, in Bezug auf die Arbeitsmoral eine Trendwende ab.

Den Wandel bei den Wertvorstellungen kann man unter anderem gut an einer der erfolgreichsten japanischen Cartoonsendungen der frühen neunziger Jahre ablesen: Chibi Marukochan, Japans Version von Bart Simpson, ist ein Mädchen, das Kinder und Erwachsene gleichermaßen begeistert, anscheinend aber besonders Frauen zwischen 20 und 25 Jahren. Fast die Hälfte aller Fernsehgeräte laufen am Sonntag heiß, wenn Chibi, eine höchst mittelmäßige Schülerin, die ständig mault und sich vor der Arbeit drückt, wo sie nur kann, ihr Unwesen treibt.

Die Arbeitsmoral gilt mittlerweile bei vielen jungen Erwachsenen in Japan als großer Schwindel. Noch mehr als die jungen Amerikaner neigen sie dazu, die Arbeitswut in Frage zu stellen. Die junge Generation, die *Shinjinrui*, hat wenig Lust, sich wie ihre Eltern nur an eine Firma zu binden. Sie liebäugelt nicht nur mit einem vernünftigeren Lebensstil, sondern fordert ihn lautstark. Im März 1996 konnte die Zeitschrift ›Newsweek‹ vermelden, dass der moderne japanische Geschäftsmann »Urlaub nimmt. Er trifft sich nach der Arbeit mit seinen Freunden statt mit seinem Chef. Er kommt sogar rechtzeitig nach Hause, um seine Kinder ins Bett zu bringen«.

Müßiggänger in der Chefetage

Viele berühmte und erfolgreiche Personen in der Geschichte der Menschheit waren nach den Maßstäben ihrer Zeit faul. Obwohl es wie ein Widerspruch klingt, verbrachten sie viel Zeit damit, die Arbeit zu meiden. Eigentlich waren sie gar keine Faulpelze, aber die Gesellschaft betrachtete sie als solche, vielleicht aus Neid.

Sie waren kreative Müßiggänger, ruhten sich aus und dachten viel nach. Ein kreativer Müßiggänger bringt Bedeutendes hervor, aber er übertreibt es nicht durch überspannte Betriebsamkeit. Kreative Muße führt zu entspannter, aber produktiver Tätigkeit.

Obwohl sie nicht so viel arbeiteten, vollbrachten diese genialen Menschen große Leistungen, wenn sie an ihren schöpferischen und nutzbringenden Projekten arbeiteten. Weil sie sich die Zeit zur Muße nahmen, waren sie gelassener, glücklicher und gesünder, als wenn sie sich ständig überfordert hätten.

Warum Bettler einen gesellschaftlichen Beitrag leisten

Ich erinnere mich an eine heftige Diskussion mit einer Freundin, in der es um das Betteln ging. Ich sagte ihr, dass ich gerne für wohltätige Zwecke spende, aber Bettlern niemals Geld gebe, und ließ durchblicken, dass Bettler für mich faule Gestalten sind, die nichts anderes zu tun haben, als mich zu belästigen, wenn ich gut gelaunt mein Lieblingsbistro ansteuere. Aber meine Freundin verpasste mir auf der Stelle eine Lektion in meinem ureigensten Thema: dem flexiblen Denken.

Eigentlich wollte ich immer Bettler werden, aber ich hab das nicht ganz geschafft. Hab mir deshalb einen Bürojob besorgt.

Sie erklärte mir, dass Bettler aufgrund ihrer Lebensweise wenig verbrauchen und die Umwelt nicht so stark belasten wie Erwerbstätige. Bettler stehlen ihr Geld nicht, sondern bitten darum und machen die Gebenden glücklich, indem sie ihnen die Gelegenheit geben zu helfen. In einer Welt, in der eine Vollbeschäftigung immer unwahrscheinlicher wird, ist jeder Bettler, der nicht arbeitet, ein Mensch weniger auf dem Arbeitsmarkt.

Als ich darüber nachdachte, ging mir allmählich auf, dass so manche meiner berufstätigen Bekannten der Gesellschaft vielleicht nicht so viel nützen wie ein Bettler. Ich rege mich nicht mehr auf, wenn mir Bettler über den Weg laufen. Ich gebe ihnen gelegentlich sogar Geld. Oder ich komme ihnen zuvor und bitte selber um Geld. Vielleicht werde ich auf diese Weise auch ein nützliches Mitglied der Gesellschaft.

> Wie viel Glück geht auf der Jagd nach dem Glück verloren!
> *Ein unbekannter kluger Mensch*

Vom fragwürdigen Erfolg der Yuppies

Es gibt zwei Dinge, die ein noch größerer Schwindel als ein Dreißig-Euro-Schein sind: ein Baum voller Elefanten und ein erfolgreicher Yuppie. Yuppies sind die »Young Urban Professionals«, die mit ihrer aufgesetzten Fröhlichkeit und ihrem geheuchelten Glück in den achtziger und den frühen neunziger Jahren das ganze Jahr lang Maskerade spielten.

Die Yuppies machten in ihrem Wahn die Arbeitsmoral salonfähig und erhoben sie zum letzten Schrei. Harte Arbeit galt als Schlüssel zu grenzenlosem Erfolg und Wohlstand. Es kam nur noch darauf an, was man besaß, nicht mehr darauf, wer man war.

Doch die schöne neue Yuppiewelt war nicht der Kick, den man sich erhofft hatte – und zum Teil immer noch erhofft. Auf Grund ihrer Konsumorientiertheit und chronischen Überarbeitung litten unzählige Yuppies an Bluthochdruck, Magengeschwüren und Herzkrankheiten, unter Alkohol- und Drogenabhängigkeit. Viele begaben sich in therapeutische Behandlung, und sei es nur, weil es gerade Mode war. Es gab Therapeuten für Anwälte, für Ärzte und sogar spezielle Yuppie-Therapeuten.

Harold, wir haben doch vor zehn Jahren zusammen studiert. Warum fährst du denn um Himmels willen Taxi?

Früher war ich ein erfolgreicher Yuppie, aber ich hab mich von meinen nervösen Ticks, meinem Zahnpastalächeln und meinem Therapeuten getrennt, und da war Schluss mit der Karriere.

Was das Freizeitverhalten betrifft, waren die Yuppies in Amerika nicht besser dran als der Rest der Yuppiewelt. Trotz ihrer gigantischen Gehälter konnten sie sich kaum Freizeit leisten. Einer Studie zufolge ist die Freizeit der Amerikaner seit 1973 durchschnittlich um 37 Prozent geschrumpft. Die Gruppe der Yuppies mit ihren langen Arbeitstagen büßte sogar noch mehr freie Zeit ein. Die Freizeit dieser Menschen wurde, wenn sie überhaupt stattfand, planmäßig absolviert.

Viele Kinder aus Yuppiefamilien wurden um ihre Kindheit gebracht, weil ihre Eltern mit der Jagd nach Geld, materiellen Gütern und Ansehen beschäftigt waren. Manche Yuppies vereinbarten Termine mit ihren Kindern, wenn sie sie während der Woche sehen wollten. Andere bläuten ihren Kindern den eigenen Erfolgszwang schon von klein auf ein. Der Terminkalender dieser Kinder war so mit Aktivitäten überfüllt, dass Muße und »Nichtstun« Fremdwörter für sie blieben.

Angesichts dieser Problematik scheinen Menschen, die ein Leben im Yuppiestil führen und ohne Rücksicht auf Verluste daran festhalten, die Intelligenz nicht gerade gepachtet zu haben. Pamela Ennis, eine Psychologin aus Kanada, wird in der Zeitschrift ›Report on Business‹ zitiert: »Diese Generation ist nicht ganz bei Trost. Sie kapiert nicht, dass die schicke Eigentumswohnung oder der BMW allein nicht glücklich machen.«

Der Erfolg, dem die Yuppies nachjagten, war in Wahrheit ein hausgemachter Misserfolg.

Das Ding mit den Dingen

So lächerlich es scheint, aber in unserer Gesellschaft geht es hauptsächlich darum, die finanziellen Früchte der Arbeit zu ernten und materielle Güter anzuhäufen. Die Yuppies haben es uns bis zum Extrem vorgeführt, aber der Rest der Welt ist auch nicht viel besser. Sollte das wirklich unser einziger Lebenszweck sein?

Es gibt eine treffende Satire von George Calin über den Konsum: Von klein auf werden wir mit irgendwelchem Zeug überhäuft und lernen, uns darüber zu freuen. Wenn wir größer werden, wollen wir noch mehr haben. Wir bitten um mehr Taschengeld, um uns mehr Dinge zu kaufen. Wenn wir erwachsen sind, gehen wir arbeiten, um Dinge zu kaufen. Wir kaufen ein Haus, um unseren Kram unterzubringen. Dass wir ein Auto brauchen, um die Sachen zu befördern, versteht sich von selbst. Bald wird unser Haus für alles zu klein. Also kaufen wir ein größeres Haus. Jetzt haben wir für dieses große Haus zu wenige Dinge, also kaufen wir noch mehr. Dann brauchen wir ein neues Auto, weil das alte bei der Beförderung von so viel Zeug den Geist aufgegeben hat. Und so weiter, und so weiter. Aber wir werden nie genug haben.

Das alles klingt vielleicht lustig, ist aber zugleich erschütternd. Es zeigt, wie unsere Arbeitssucht unsere Konsumsucht fördert, die Jagd nach Dingen, die wir zum großen Teil gar nicht brauchen.

Das Märchen vom Bruttosozialprodukt

Wirtschaftswissenschaftler, Unternehmer und Politiker wollen uns weismachen, dass ein Land umso besser dasteht, je größer das Bruttosozialprodukt ist. Das Bruttosozialprodukt ist die Summe aller Dienstleistungen und Produkte, die in einem Land pro Jahr verkauft werden. Es ist das Maß, mit dem der Erfolg eines Staates gemessen wird.

Ein weiteres Ziel der Wirtschaft ist die Beseitigung der Arbeitslosigkeit. Die Schaffung neuer Arbeitsplätze hängt vom Wirtschaftswachstum ab. Ein gewisses Niveau des Bruttosozialproduktes ist angeblich die Voraussetzung, um allen, die arbeiten können, einen Arbeitsplatz zur Verfügung zu stellen, ob sie wollen oder nicht.

> Millionen von Menschen sehnen sich nach Unsterblichkeit und wissen doch nicht, was sie mit einem verregneten Sonntagnachmittag anfangen sollen.
> *Susan Ertz*

In meinen Wirtschaftskursen, die ich an verschiedenen Universitäten gehalten habe, hatte ich immer ein Problem mit dem Bruttosozialprodukt als Maßstab des Wohlstands. Das Bruttosozialprodukt wird ja auch durch die Produktion so zweifelhafter Dinge wie Zigaretten und Waffen vergrößert. Sogar eine erhebliche Zunahme von Autounfällen würde das Bruttosozialprodukt positiv beeinflussen, weil mehr Beerdigungen, Krankenhausaufenthalte, Autoreparaturen und mehr Neuwagenkäufe die Folge wären.

Das Wachstum des Bruttosozialprodukts nur um des Wachstums willen ist also kein Spiegel gesellschaftlichen Wohlergehens. Wachstum um des Wachstums willen ist auch das Motto von Krebszellen.

Kürzlich unterhielt ich mich mit einem weit gereisten Ehepaar. Sie waren sogar dem König von Bhutan begegnet. Bhutan ist ein ziemlich unterentwickeltes Land. Die Menschen sind arm, aber nicht bettelarm. Sie sind im Großen und Ganzen mit ihrem Leben zufrieden.

Als das Ehepaar den König auf das niedrige Bruttosozialprodukt ansprach, erwiderte er: »Wir glauben nicht an das Bruttosozialprodukt, wir glauben an das Bruttosozialglück.«

Und wir? Sollten wir nicht auch lieber den Wohlstand eines Landes anhand des Bruttosozialglücks, anstatt anhand des Bruttosozialprodukts messen? Vielleicht würde unsere Welt dann besser funktionieren, aber dazu müssten wir wohl erst alle Wirtschaftsexperten zum Teufel jagen.

Freizeit als Umweltschutz

Die Sorge um die Umwelt ist zu einem Thema von allergrößter Bedeutung geworden. Trotzdem gibt kaum jemand zu, dass seine eigenen wohlstandsorientierten Wertmaßstäbe und sein unbändiger Wille zum Erfolg zur Umweltverschmutzung beitragen. Wenn die Leute nicht so ehrgeizig wären und weniger arbeiten würden, wäre unser Globus grüner.

Das wiederum hängt mit der Nutzung der natürlichen Ressourcen zusammen, denn jeder Verbrauch von Ressourcen trägt zur Verschmutzung der Umwelt bei. Die meisten Faktoren, die das Bruttosozialprodukt steigern, gehen zulasten der Umwelt.

Für einen grüneren Planeten müssen wir sparsamer mit den natürlichen Ressourcen umgehen. Man könnte wahrscheinlich mit der Hälfte auskommen und immer noch recht angenehm leben. Eine Veränderung unserer Werte wäre dabei eine Hilfe. Wir müssten die Produktion und den Konsum von nutzlosen Waren, all dem sinnlosen Krempel, der nach kürzester Zeit im Müll landet, unterbinden.

Schon vor mehr als hundert Jahren prophezeite John Stuart Mill, dass die Umwelt vernichtet wird, wenn das wirtschaftliche Wachstum anhält. Seine These war, dass der Wohlstand, wie ihn die westlichen Industriestaaten definieren, auf der Zerstörung der Umwelt basiert. Sie kann, was viele Menschen mittlerweile erkennen, den wachsenden Ansprüchen, die wir an sie stellen, nicht standhalten. Wir müssen unsere übersteigerte Konsumsucht bekämpfen. Für die Wirtschaft ist Freizeit im Allgemeinen nur dann etwas Positives, wenn man genug Geld hat, um sich Freizeitausrüstungen und -dienstleistungen leisten zu können. Aber Geld ist laut John Kenneth Galbraith, einem bekannten Wirtschaftsexperten, nicht alles. Er sieht Geld und Konsum in einem anderen Licht:

»Was bringen ein paar Dollar mehr, wenn die Luft zu schmutzig zum Atmen und das Wasser zum Trinken zu verseucht ist, die Pendler keinen Weg mehr in die Stadt und wieder heraus finden, die Straßen schmutzig und die Schulen so schlecht sind, dass die Jugendlichen erst gar nicht hingehen, und Ganoven die Bürger um das Geld erleichtern, das diese bei der Steuer gespart haben.«

Zur Rettung unseres Planeten bedarf es ein bisschen mehr als des Recycelns von Flaschen und Dosen. Es ist ziemlich witzlos, unnützes Zeug zu produzieren, nur um die Leute beschäftigt zu halten. Weniger Ehrgeiz, weniger Arbeit und weniger Konsum sind der beste Umweltschutz.

Warum weniger Arbeit den Lebensstandard erhöht

Die Arbeitsmoral schadet uns mehr, als dass sie uns nützt. Wir müssen unsere arbeits- und wohlstandsorientierte Haltung ablegen und uns auf die Suche nach den wirklich wichtigen Dingen im Leben machen. Studs Terkel zufolge ist eine Reform der Arbeitsmoral, die die Menschen in den westlichen Industrienationen zu Arbeitssklaven gemacht hat, schon längst überfällig.

Die bescheidenen Ansprüche aus dem 18. Jahrhundert wären heute angemessener, als die heutigen, die unsere Vorstellungen prägen. Wir haben das Gefühl für das Angemessene in den achtziger Jahren verloren. Es gibt kaum jemanden, der in Amerika nicht von Donald Trumps Lebensstil beeinflusst war, und nach immer mehr Konsum gelechzt hat.

> Der Zweck der Arbeit ist der Gewinn an Mußezeit.
> Aristoteles

Dem Beginn des neuen Jahrtausends würde das Ideal des Gentlemans aus dem 18. Jahrhundert, der ein bescheidenes Vermögen gemacht hat und sich dann zur Ruhe setzt, um angenehmeren Beschäftigungen nachzugehen, besser zu Gesicht stehen. Die Entfaltung der Persönlichkeit, die die äußere Welt des materiellen Wachstums ersetzt, würde zu mehr Zufriedenheit und Wohlbefinden beitragen.

Es ist durchaus legitim, der Arbeit und dem Konsum weniger Bedeutung beizumessen. Für seinen Lebensunterhalt zu arbeiten ist notwendig, aber nicht in dem Maß, wie die meisten glauben. Bescheidenere materielle Ansprüche würden für die Umwelt

Wunder wirken und uns einen weniger hektischen Lebensstil bescheren.

Die wahren Dinge des Lebens

In den vorangehenden Kapiteln habe ich ein paar Unzulänglichkeiten unseres modernen, den westlichen Industrienationen lieb gewordenen Wertesystems aufgezeigt. Wenn Sie ihm bisher blind gefolgt sind, es jetzt aber infrage stellen und manches in einem anderen Licht sehen, sind Sie auf dem besten Wege, Ihr Leben zu bereichern. Wer allerdings in dem Glauben beharrt, dass Arbeit tugendhaft und Muße verwerflich ist, bringt sich selber um die Chance, mit Zeiten der Arbeitslosigkeit und mit dem Ruhestand fertig zu werden. Und Berufstätige wird dieses Wertesystem möglicherweise unbefriedigt lassen, weil ihr Leben nicht im Gleichgewicht ist.

Wenn man ein bisschen offener ist und weniger Wert auf Arbeitsmoral und Materialismus legt, hat man mehr vom Leben. Weniger Arbeit zahlt sich aus. Die Zeit, die man – aus welchen Gründen auch immer – nicht am Arbeitsplatz verbringt, eröffnet neue Perspektiven und fördert die Selbstverwirklichung. Wer sehr viel arbeitet und viel unnötiges Zeug ansammelt, ist nicht besser als jemand, der weniger arbeitet und weniger besitzt. Die Sucht nach materiellen Dingen entfremdet uns gegenüber den Mitmenschen und der Umwelt.

Der tiefere Sinn des Lebens liegt nicht in den Dingen, die uns umgeben – Autos, Häuser, Stereoanlagen oder Jobs. Sie sind angenehme Zugaben, aber gewiss nicht die Quelle unseres Glücks. Die Dinge, die wir besitzen, die Orte, an denen wir leben, die Arbeit, die wir verrichten, sind zweitrangig. Unser Erfolg sollte nicht an dem gemessen werden, was wir haben oder was wir für unseren Lebensunterhalt tun. Das Wesentliche liegt auf einer höheren Ebene; was zählt, ist der Augenblick: was wir erleben, wie viel Freude wir haben und wie viel Liebe wir der Welt um uns herum entgegenbringen. Das sind die wahren »Dinge des Lebens«!

Arbeite weniger, lebe gesünder

Eine Mausefalle ohne Käse

Legt man bei einem Experiment mit einer Ratte immer wieder ein Stück Käse in den dritten von mehreren Tunnels, wird sie den Tunnel über kurz oder lang direkt ansteuern, ohne in die anderen hineinzugucken. Wenn man dann den Käse in den sechsten Tunnel legt, wird sie zunächst weiter im dritten suchen. Doch sobald sie kapiert hat, dass dort kein Käse zu finden ist, fängt sie an, in den anderen zu suchen, bis sie den Käse im sechsten entdeckt; die Ratte wird nun immer gleich dorthin gehen, wo der Käse ist.

Im Unterschied zur Ratte bleibt der Mensch in einem Tunnel, auch wenn dort offensichtlich kein Käse zu finden ist. Er verfängt sich in seiner selbst gebauten Falle und bleibt, wo er ist. Ist ja auch verdammt schwierig, an den Käse zu kommen, wenn man in einer Falle sitzt, in der gar kein Käse mehr ist, oder wie so häufig, erst gar keiner war.

»Käse« steht hier für Glück, Zufriedenheit und Erfüllung. Heutzutage herrscht, dem Psychologen Jan Halper zufolge, in Managerkreisen eher die Unzufriedenheit vor. Zehn Jahre lang nahm Halper die Karrieren und das Seelenleben von mehr als 4 000 leitenden Angestellten unter die Lupe. Es zeigte sich, dass viele Männer in führender Stellung einen durchaus glücklichen Eindruck machten, es in Wirklichkeit aber gar nicht waren. 58 Prozent

> Im Leben geht es um mehr als nur darum, sein Tempo zu erhöhen.
> *Mohandas K. Gandhi*

des mittleren Managements glaubten viele Jahre ihres Lebens auf der Karriereleiter vergeudet zu haben. Sie dachten mit Bitterkeit an die vielen Opfer, die sie in dieser Zeit erbracht hatten. Während dieser ganzen Zeit hatten sie nichts für ein ausgewogenes Leben getan. Andere Untersuchungen ergaben, dass bis zu 70 Prozent aller Büroangestellten in ihrem Beruf nicht glücklich sind, widersinnigerweise aber die meisten Überstunden machen.

Sie können jetzt den Rest des Kapitels überschlagen, wenn Sie zu den Ratten oder zu den seelisch und finanziell gut gepolsterten Menschen gehören, die nicht arbeiten und es auch für den Rest ihres Lebens nicht beabsichtigen. Wenn Sie dagegen zur arbeitenden Bevölkerung gehören oder arbeitslos sind und in absehbarer Zeit wieder in den Beruf einsteigen wollen, kann Ihnen dieses Kapitel weiterhelfen. Der Beruf bietet nicht immer die unterschiedlichen Käsesorten, nach denen wir suchen. Engstirnigkeit und Ignoranz sind die beiden Hindernisse, die wir auf dem Weg zu einem befriedigenden und erfüllten Leben überwinden müssen. Dieses Kapitel zeigt, wie man die Fallen umgehen kann, die in vielen Berufen lauern. Und es soll Ihnen zu einem ausgeglicheneren Leben verhelfen und Sie auf die Zeit des Ruhestands vorbereiten.

Wer bin ich?

Hier ist eine einfache Übung, mit der Sie sich selbst besser einschätzen können. Zudem können Sie prüfen, ob Sie arbeitssüchtig sind.

Übung 7

Denken Sie einen Augenblick nach und beantworten Sie die folgende einfache Frage:

Wer sind Sie?

Fast alle berufstätigen Menschen werden jetzt angeben, womit sie ihren Lebensunterhalt verdienen, welcher Nationalität und Religion sie angehören, ob sie verheiratet sind, wo sie wohnen und wie alt sie sind. Der Beruf steht in der Regel im Mittelpunkt. Nur vereinzelt werden Interessen außerhalb des Berufes als Identitätsmerkmale genannt. Die meisten Menschen definieren sich also über ihren Job.

Die gegenwärtige Generation von Managern hat emotional und finanziell viel in ihre Karriere investiert und leitet deshalb ihre Identität aus ihren Fähigkeiten und Talenten ab. Die Wirtschaftswelt will uns weismachen, dass sich unser Charakter durch Arbeit und eine produktive Tätigkeit formt, und wir haben brav gelernt, uns über unseren Beruf zu definieren. Das ist grundfalsch; wenn wir glauben, dass wir nur das sind, was wir beruflich tun, haben wir einen Großteil unserer Individualität bereits eingebüßt.

Wie stark definieren Sie sich über ihren Job? Als Rechtsanwalt, der so sehr in seinem Beruf aufgeht, dass er sich völlig damit identifiziert, haben Sie vielleicht auf die Frage »Wer sind Sie?« mit »Ich bin Rechtsanwalt« geantwortet. Wenn Sie sich nur noch über den Beruf definieren, schränken Sie Ihre Persönlichkeit ein. Der Job sollte nur einen kleinen Teil Ihrer Persönlichkeit ausmachen, es sei denn, Sie lieben Ihre Arbeit über alles.

Wer sein ganzes Dasein dem Beruf opfert, muss sich nicht wundern, wenn von ihm selbst nicht mehr viel übrig bleibt. Der Beruf ist das, womit Sie Ihr Geld verdienen, ist aber nicht Sie selbst. Ihr wahres Wesen setzt sich aus Ihrem Charakter und Ihrer

Individualität zusammen. Diese Eigenschaften und Merkmale unterscheiden Sie von den anderen Menschen.

Prüfen Sie, wer Sie sind, indem Sie in sich hineinschauen und auf Ihre eigenen Überzeugungen, Vorlieben und persönlichen Interessen achten. Lassen Sie die Arbeit nicht zur Hauptsache werden. Gehen Sie Hobbys und Interessen nach, die nichts mit dem Beruf zu tun haben und Ihnen genauso wichtig oder wichtiger sind als die Arbeit. Ihr Selbstbild wird sich nicht mehr mit dem Beruf decken. Hören Sie auf die Stimme Ihres Gefühls, Ihrer Intuition und nicht auf die logischen Argumente Ihrer Firma oder der Gesellschaft. Am besten kann man seine Einzigartigkeit im Privatleben ausleben. Wenn Sie gefragt werden, wer Sie sind, sollten Sie Ihre Identität von Ihrem Wesen ableiten, das unter anderem in Ihren persönlichen Interessen, denen Sie in Ihrer Freizeit nachgehen, zum Ausdruck kommt.

> Ein Nervenzusammenbruch kündigt sich unter anderem dadurch an, dass man seine eigene Arbeit für entsetzlich wichtig hält.
> *Bertrand Russell*

Die Ignoranz hat Hochkonjunktur

Unzeitgemäße Ansichten und Werte werden in den Chefetagen vieler Unternehmen immer noch gefördert und tragen dazu bei, dass das Arbeitsklima weiterhin von einer gesundheitsschädlichen Arbeitswut geprägt ist. Die Ignoranz hat Hochkonjunktur. Workaholics werden nicht nur geduldet, sondern genießen besonderes Ansehen. Da Arbeitswut mit Gewinnstreben und Machtbedürfnissen einhergeht, sind vielen Managern Workaholics durchaus willkommen. In Abteilungen, in denen es viele Arbeitssüchtige gibt, ist es »schick«, 60 bis 80 Stunden pro

Woche zu arbeiten. Man gibt sich geschäftig, ist immer in Eile und mit Arbeit überhäuft, und sieht sich als Held, wenn man ständig einen übergroßen Einsatz bringt.

Das kann ernste Folgen haben: Workaholics unterscheiden sich nämlich nicht von anderen Süchtigen. Wie Alkoholiker leugnen sie die Existenz des Problems, leiden aber trotzdem unter den gravierenden Folgen ihrer Abhängigkeit. Das Gleiche gilt für alle, die die Sucht unterstützen; sie sind nicht besser als die Workaholics selbst.

Warum unterstützen Unternehmen eine Sucht? Anne Wilson Schaef geht sehr genau auf dieses Problem ein. In ihrem Buch ›Im Zeitalter der Sucht‹ geht es um das zunehmende Suchtverhalten der amerikanischen Gesellschaft, und in ›Suchtsystem Arbeitsplatz‹ untersucht sie mit ihrer Koautorin Diane Fassel die Gründe, warum speziell die Geschäftswelt vom Suchtverhalten geprägt ist.

Große Unternehmen fördern die Arbeitssucht in ihrem eigenen Interesse. Unter dem Deckmantel der Qualität und Leistungsstärke stellt die Unternehmensphilosophie die Firma über alles. Nur der Erfolg zählt, wen kümmert's, wenn dabei die körperliche und seelische Gesundheit oder so manche Ehe auf der Strecke bleibt.

Mit der Förderung der Arbeitsmoral und der Hast am Arbeitsplatz will man die Produktivität fördern. Dies erweist sich häufig aber als Trugschluss. Wenn Angestellte länger, härter und schneller arbeiten, bedeutet das nicht unbedingt, dass das Unternehmen erfolgreicher wird. Im Gegenteil: auf lange Sicht kann der Erfolg sogar nachlassen, weil die Effektivität der Arbeit unter dem Stress ständiger Überforderung leidet. Es ist interessant, dass willensstarke Menschen eher zum Burnout-Syndrom neigen als so genannte »Schwächlinge«, weil die Kraft der Willensstarken auf Verdrängung beruht.

Angestellte, die keine Zeit mehr zum Nachdenken haben und Flüchtigkeitsfehler machen, können auf Dauer die Innovationskraft und die Produktivität des Unternehmens schmälern. Entgegen der allgemeinen Ansicht ist ständige Eile keineswegs produktiv. Hektik verhindert das Nachdenken, ohne das Kreativität sich nicht entfalten kann. Für eine produktive und erfolgreiche Arbeit benötigt man Zeit; man muss die Gesamtsituation betrachten und langfristig planen können.

Die Folgen einer solchen aus den Fugen geratenen Wirtschaftswelt sind weit reichend. Angesichts des Arbeitsdrucks und des täglichen Überlebenskampfes haben viele Menschen ihre eigenen Träume und ihre Lebensfreude verloren. Ein gestörtes Privatleben ist das Ergebnis von Überarbeitung und Stress. Wer ausgepowert ist, für den ist das Leben sinnlos und leer.

Werfen wir noch einmal einen Blick zurück auf die alten Griechen: Wenn man die arbeitssüchtigen Yuppies von heute betrachtet, scheint es, als würde sich die Geschichte (und die Ignoranz) wiederholen, denn schon für Plato waren Menschen, die sich durch zu viel Arbeit um ihre Freizeit brachten, ignorant und dumm. Er warnte sie davor, sich in Luxus, dem Streben nach Macht, Ansehen, Einfluss und der Vergnügungssucht zu verstricken.

> Er schuftete bis zum Umfallen auf dem Land, um in der Stadt leben zu können, wo er bis zum Umfallen schuftete, um auf dem Land leben zu können.
> *Don Marquis*

Die Arbeit sollte nicht im Mittelpunkt des Daseins stehen. Schon Plato wusste, dass man sich um wichtigere Dinge im Leben bringt, wenn man mehr arbeitet als für den eigenen Lebensunterhalt nötig ist.

Kurhotel »Knast«

Übermäßiger Stress im Beruf ist schädlicher als man glaubt. Er kann sogar den IQ verringern: Eine wissenschaftliche Studie hat vor kurzem belegt, dass lang anhaltender Stress die Gehirnzellen schneller altern lässt und die Lernfähigkeit sowie das Gedächtnis beeinträchtigt. Vor allem das Langzeitgedächtnis leidet unter der durch Stress verursachten Schädigung der Gehirnzellen.

Wer dem Stress der modernen Arbeitswelt entkommen und etwas für seine Gesundheit und ein langes Leben tun will, braucht nur eine Bank auszurauben und dafür zu sorgen, dass man ihn auf frischer Tat ertappt. Das Gefängnis ist nämlich offensichtlich der ideale Ort, um dem Stress ein Ende zu machen. Wissenschaftler am Institute Bustave Roussy in Villejuif in Frankreich haben herausgefunden, dass französische Gefangene eine höhere Lebenserwartung und weniger Krankheiten, einschließlich Krebs und Herzleiden, haben als ihre übrigen Landsleute. Je länger sie im Gefängnis saßen, umso niedriger war ihre Todesrate. Wie das? Es hat sicherlich nichts mit Alkohol, Zigaretten und Drogen zu tun, die von den meisten Inhaftierten konsumiert werden. Das Gefängnisleben ist einfach stressfreier. Gefangene haben mehr Muße als Normalbürger.

Man muss natürlich nicht unbedingt ins Gefängnis, es gibt auch andere Wege, um zu mehr freier Zeit im Leben zu kommen.

Verrückt oder nicht?

Arbeit besteht meistens aus langweiliger Routine. Millionen von Amerikanern würden gerne aus ihrem Job flüchten, wenn sie nur wüssten wie. Mein Freund Crazy George weiß es: Er heißt bei uns »crazy«, weil er verrückt, einfach anders ist. George ist schon deshalb ein Paradiesvogel, weil er nicht fest angestellt sein will. Er findet das erniedrigend. George verabscheut es, wenn man ihm sagt, was er machen soll, wie er etwas machen soll und wann er zur Arbeit zu erscheinen hat.

George lebt nur vom Nötigsten, arbeitet mal hier ein bisschen, jobbt mal dort ein bisschen. Er ist selten in Eile. Er ist schon seit mehr als 14 Jahren ein Tischlerlehrling im dritten Lehrjahr und hält es nirgendwo länger als ein oder zwei Monate aus. Als freier Mitarbeiter hilft er manchmal im Karosseriebau aus. Sein Einkommen bewegt sich an der untersten Grenze; trotzdem hat er mehr Geld auf der Bank als so mancher Festangestellte mit einem ansehnlichen Jahreseinkommen, weil er nur für das Nötigste Geld ausgibt.

Interessant ist, dass Crazy George schon über 50 Jahre alt ist und aussieht, als wäre er Ende 30. Ich kenne auch »erfolgreiche« Menschen, die erst Ende 30 sind und wie 50 aussehen. George sieht viel jünger aus, als er ist, weil er gesund lebt. Wie die französischen Gefängnisinsassen muss er sich nicht mit dem üblichen Stress herumplagen, dem die Massen unterworfen sind. Wenn er weiterhin so in Form bleibt, kann er noch mit 80 Jahren arbeiten, wenn es sein muss. Und außerdem hat er es besser als die französischen Gefängnisinsassen, denn er hat ja dazu noch seine Freiheit. Wenn man diese Faktoren berücksichtigt, möchte ich behaupten, dass Crazy George gar nicht verrückt ist; die Verrückten sind die anderen, die es mit der Arbeit übertreiben.

Muße ist in, Arbeitswut ist out

In den achtziger Jahren machten Millionen von Amerikanern die Arbeit zum Mittelpunkt ihres Daseins. Damit brachten sie ihr Leben und ihre Gefühlswelt durcheinander. Der berufliche Erfolg hinterließ eine Leere, und die Träume von gestern wurden zu Alpträumen. Viele Leute merkten, dass sie Sklaven ihrer Arbeit und ihres Besitzes geworden waren. Sie verbrachten 50 bis 80 Stunden in der Woche am Arbeitsplatz und verloren sich selbst aus den Augen. Die völlige Konzentration auf den Beruf zerstörte ihre eigene Persönlichkeit, der Stress und die Überarbeitung untergruben darüber hinaus ihre körperliche und seelische Gesundheit. Sie bezahlten einen hohen Preis für die freiwillige Sklaverei.

Aber Gott sei Dank – die Zeiten ändern sich. Anfang der neunziger Jahre fing man langsam an, die Arbeit in einem anderen Licht zu sehen. Zum ersten Mal nach 15 Jahren fanden die Arbeitnehmer ihre Freizeit wichtiger als die Arbeit. Einer Umfrage von 1990 zufolge sahen 41 Prozent aller Befragten ihre Freizeit und nur 36 Prozent die Arbeit als den wichtigsten Bestandteil ihres Lebens. 1985 hatten sich dagegen noch 46 Prozent für die Arbeit entschieden; die Freizeit erreichte nur 33 Prozent.

> Wer brav seine acht Stunden täglich arbeitet, hat gute Aussichten, Chef zu werden und zwölf Stunden täglich zu arbeiten.
> Robert Frost

Untersuchungen zufolge zeichnet sich ein zunehmendes Verlangen nach einem ruhigeren und weniger hektischen Leben ab. Die Leute wollen dem Stress und der Überarbeitung entkommen und verlassen scharenweise die Unternehmen. Viele Arbeitnehmer kündigen ganz oder suchen nach alternativen Arbeitsformen, bei denen sich Arbeit und Freizeit in einem ausgewogeneren Verhältnis verbinden ließen. Mehrere Zeitungen berichteten, dass der Workaholismus passé ist. Freizeit ist angesagt; sie ist zum größten Statussymbol der neunziger Jahre geworden.

Sogar manche Unternehmen haben die Zeichen der Zeit erkannt: Wenn Angestellte eine sinnvolle und erfüllte Freizeit haben, trägt das zum Wohl des Unternehmens bei. In vielen Firmen wächst die Einsicht, dass gesunde Angestellte glücklicher und leistungsfähiger sind. Bedenkt man, dass 80 Prozent aller Krankheiten auf eine falsche Lebensweise zurückzuführen sind, verwundert es nicht, dass die Unternehmen an der Gesundheit und seelischen Ausgeglichenheit ihrer Angestellten interessiert sind. Auf die Firmen kann sich das überaus positiv auswirken: die Leistungsfähigkeit, die Ausdauer und die Motivation der Angestellten sowie das Ansehen der Firma steigen. Größere Unternehmen sind schon dazu übergegangen, ihren Angestellten Wellnessprogramme und Seminare für einen ausgeglicheneren Lebensstil anzubieten.

In Zukunft wird den Firmen auch nichts anderes übrig bleiben, denn die Angestellten erwarten ein ausgewogenes Verhältnis von Arbeit und Freizeit. Anders als die »Babyboomer-Generation« in den achtziger Jahren neigen die heutigen Berufsanfänger nicht zum Workaholismus und lassen sich nicht mit Geld, Titeln und sicheren Karrieren ködern. Sie haben eine andere Einstellung zum Leben und zur Arbeit. Mitte der neunziger Jahre berichteten verschiedene Zeitschriften, dass für die jüngere Generation der Arbeitnehmer die Lebensqualität im Mittelpunkt steht – Freude am Beruf statt Geld. Der Mehrzahl der Zwanzig- bis Dreißigjährigen sind Freizeit und Familie mindestens genauso wichtig wie ihr Beruf. Ich begrüße diesen Wertewandel; die gegenwärtige Generation hat vernünftigere Vorstellungen als die »Babyboomer-Generation«, für die der Beruf das Leben ist.

Arbeite weniger, entlaste den Arbeitsmarkt

Wenn immer mehr Menschen ihr Augenmerk auf Lebensqualität und Freizeit richten, kommt das auf lange Sicht nicht nur denen zugute, die mehr Freizeit haben wollen; es kommt auch denen zugute, die zu viel Freizeit und zu wenig Arbeit haben. 1996 ergab eine Studie von Robert Half International, dass mehr Menschen bereit sind, Kürzungen der Arbeitszeit und des Gehalts hinzunehmen, um sich der Familie zu widmen, als noch 1989. Fast zwei Drittel der Befragten würden Kürzungen akzeptieren – im Durchschnitt bis zu 21 Prozent. Eine ähnliche Umfrage ergab 1989, dass die gleiche Anzahl von Befragten nur zu Kürzungen bis zu 13 Prozent bereit waren.

Wenn mehr Leute für weniger Geld weniger arbeiten, eröffnen sich für Arbeitslose ganz neue Perspektiven. Frank Reid, ein kanadischer Wirtschaftswissenschaftler, rechnet vor, dass in Kanada 500000 neue Arbeitsplätze geschaffen werden könnten, wenn man diejenigen weniger arbeiten lässt, die sich das wünschen, und die überschüssige Arbeit den Arbeitslosen zur Verfügung stellt.

Ich für meinen Teil habe nichts gegen Arbeit, besonders wenn sie still und leise von jemand anders verrichtet wird.
Barbara Ehrenreich

Leider hemmen unternehmerischer und gesellschaftlicher Starrsinn neue Ideen zur Verbesserung der Arbeitsmarktsituation. Hoffen wir nur, dass sich das in Zukunft ändert, denn den Arbeitenden und den Arbeitslosen wäre damit gleichermaßen gedient.

Mehr Freizeit, mehr Leistung

Einen spannenden Roman lesen, im Garten arbeiten oder einfach in der Hängematte liegen und die Seele baumeln lassen, all das kann die Leistungsfähigkeit im Beruf steigern. Wer also bei der Arbeit in Höchstform sein will, sollte versuchen, weniger zu arbeiten und sich öfter zu entspannen. Ein großzügiges Maß an Freizeit macht reich – womit in erster Linie der seelische Reichtum gemeint ist. Auf lange Sicht wird sich aber auch der materielle Reichtum vermehren, wenn man sich mehr freie Zeit gönnt.

Hobbys und Freizeitinteressen, die nichts mit dem Beruf zu tun haben, bringen viele Vorteile mit sich. Man hat beispielsweise innovativere Ideen in der Arbeit. Während man in Ruhe und Muße einer Beschäftigung nachgeht, schaltet man von beruflichen Problemen ab und lenkt seine Aufmerksamkeit auf andere Dinge. Der Geist wird dadurch wieder beweglich, man kommt auf neue Ideen, die die Firma weiterbringen. Manchmal hat man die größten kreativen Schübe, wenn man seinen Gedanken einfach freien Lauf lässt.

Workaholic

... macht regelmäßig Überstunden.
... hat kein bestimmtes Ziel, arbeitet blindwütig.
... kann nicht delegieren.
... hat keine Interessen außerhalb der Arbeit.
... lässt seinen Urlaub verfallen.
... hat nur oberflächliche Freundschaften am Arbeitsplatz.
... redet ständig über berufliche Dinge.
... ist immer beschäftigt.
... empfindet das Leben als schwierig.

Arbeitender Mensch in Hochform

... macht in der Regel keine Überstunden.
... setzt sich feste Ziele – arbeitet auf ein übergeordnetes Ziel hin.
... delegiert so viel wie möglich.
... hat viele Interessen neben dem Beruf.
... nimmt seinen Urlaub und genießt ihn.
... hat feste Freundschaften außerhalb des Arbeitsplatzes.
... redet nur wenig über seine Arbeit.
... kann es genießen, dem Müßiggang zu frönen.
... hält das Leben für ein Fest.

Das Leben der meisten arbeitenden Menschen ist nicht im Gleichgewicht. Das gilt vor allem für Büroangestellte, die mehr als 40 Stunden in der Woche arbeiten. Wer regelmäßig Überstunden macht, ist ein Workaholic. Perfektionismus und ein zwanghaftes Pflichtbewusstsein sind typische Eigenschaften eines Arbeitssüchtigen. Es ist wichtig, sich darüber im Klaren zu sein, dass ein Workaholic keine Bestleistungen erbringt. Im Gegenteil. Oft ist seine Arbeitsleistung sogar schlecht. Die Tabelle auf Seite 71 zeigt, was ihn von einem Menschen unterscheidet, der in Hochform ist.

Ein Workaholic ist davon abhängig, dass er unentwegt arbeitet und keine Zeit zur Muße findet. Viele Workaholics investieren viel Zeit und Energie, erzielen damit letztlich aber nur spärliche Ergebnisse. Tatsächlich wird vielen Arbeitssüchtigen gekündigt, und ihre Karriere ist damit beendet. Arbeitssucht ist eine ernst zu nehmende Krankheit. Wenn sie nicht rechtzeitig behandelt wird, sind seelische und körperliche Probleme die Folge. Der Autorin Barbara Killinger zufolge sind Workaholics emotionale Krüppel. Ihre Arbeitswut führt zu Magengeschwüren, Rückenproblemen, Schlaflosigkeit, Depressionen, Herzanfällen und nicht selten zu einem frühzeitigen Tod.

Menschen, die in der Arbeit in Hochform sind, bedeutet der Beruf und das Vergnügen gleich viel. Daher sind sie die Erfolgreicheren. Wenn es sein muss, können sie für ein oder zwei Wochen unter Hochdruck arbeiten, sind aber auch in der Lage, selbstbewusst das Tempo zu drosseln, wenn sie Routinearbeiten erledigen.

Wir bereiten uns ständig aufs Leben vor und verpassen dabei das Leben selbst.
Ralph Waldo Emerson

Für solche Menschen ist der Erfolg im Leben nicht auf das Büro beschränkt. Ihr Leben ist im Gleichgewicht, der Job ist für sie da und nicht umgekehrt. Lebensberater plädieren für einen ausgeglichenen Lebensstil, bei dem die Bedürfnisse aus sechs Lebensbereichen befriedigt werden. Diese sechs Bereiche sind in der folgenden Abbildung dargestellt.

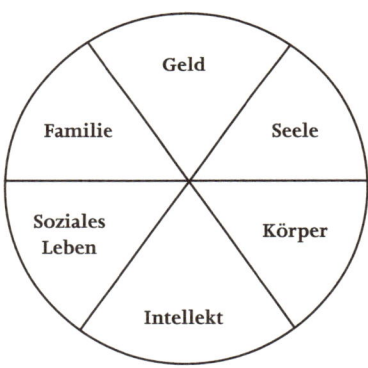

Da viele Arbeitgeber glauben, dass Angestellte lediglich durch einen sicheren Arbeitsplatz, ein gutes Gehalt und vorteilhafte Ruhestandsregelungen motiviert werden können, wird der Job nur wenigen Bedürfnissen gerecht. Die anderen Bedürfnisse müssen außerhalb des Berufs befriedigt werden.

Mehr Freizeit, mehr Spaß

Wer über 40 Jahre lang gearbeitet hat, hofft, dass er noch 15 bis 20 Jahre lang seine freie Zeit genießen kann, wenn er den Bleistift endgültig fallen lässt. Wenn der Ruhestand dann vor der Tür steht, sind viele auf so viel Freizeit gar nicht vorbereitet, weil sie sich während ihrer Berufstätigkeit nicht mit anderen Dingen außerhalb der Arbeit beschäftigt haben. Die meisten Menschen ändern sich erst, wenn sie müssen. Sie warten den Ruhestand ab und versuchen dann verzweifelt, mit den drastisch veränderten Umständen klarzukommen. Man muss schon damit anfangen, sich für andere Dinge zu interessieren und seine Freizeit zu genießen, wenn man noch arbeitet.

> Nur wenige Frauen und noch weniger Männer haben genug Charakter für den Müßiggang.
> E. V. Lucas

Viele Menschen widmen sich auch Freizeitbeschäftigungen, die kontraproduktiv sind. Statt sich nach einem hektischen Tag oder einer anstrengenden Woche etwas zu suchen, was Erholung bietet und einfach nur Spaß macht, stürzen sie sich in Aktivitäten, die den Stress vergrößern und nicht abbauen.

Wer später mal ein kreativer Müßiggänger werden will, sollte außerhalb des Berufes vielen Interessen nachgehen. Muße und Freizeit sollte man sich nicht für den Ruhestand aufsparen, sie gehören zu einer ausgeglichenen Lebensweise von Anfang an dazu. Wer unbedingt eine Sucht braucht, sollte sich bitte die Freizeitsucht aussuchen – die ist bei weitem amüsanter als die Arbeitssucht, baut für Zeiten der Arbeitslosigkeit vor und garantiert ein glücklicheres Berufsleben.

Eigentlich sollte man sich spätestens mit 35 Jahren Gedanken darüber machen, wie man seinen Ruhestand gestalten will. Interessen und Fähigkeiten müssen schon lange vor dem Ruhestand entwickelt werden, sonst macht man es sich später unnötig schwer.

Helen Thomas, über 20 Jahre lang Pressechefin des Weißen Hauses, behauptet, dass von allen Präsidenten, die sie kennen gelernt hat – Johnson, Nixon, Carter und Reagan – nur Jimmy Carter wirklich gerne in den Ruhestand gegangen ist und ihn genossen hat. Jimmy Carter ist deshalb am besten mit dem Ruhestand zurechtgekommen, weil er seine Identität nicht nur über seine

Arbeit definiert hat. Er hatte immer viele andere Interessen – zum Beispiel das Schreiben und Schreinern –, denen er nach dem Ende seiner Präsidentschaft verstärkt nachging.

Workaholic vor dem Ruhestand	
Arbeit	Partnerschaft

Workaholic im Ruhestand	
~~Arbeit~~	Partnerschaft

Freizeitsüchtiger vor dem Ruhestand	
Arbeit	Partnerschaft
Golf Tennis	Joggen
Briefmarken sammeln	Kirche
Lesen	Gärtnern
Ehrenamtliche Tätigkeiten	Freunde

Freizeitsüchtiger im Ruhestand	
~~Arbeit~~	Partnerschaft
Golf Tennis	Joggen
Briefmarken sammeln	Kirche
Lesen	Gärtnern
Ehrenamtliche Tätigkeiten	Freunde

Die Abbildungen zeigen, wie es aussieht, wenn man aus dem Beruf ausscheidet und keine Interessen hat. Wenn man nur den Job und seine Partnerschaft hat, bleibt einem nur die Partnerschaft, wenn der Job wegfällt. Anders sieht es aus, wenn man aus dem Beruf ausscheidet und schon vorher viele Interessen und Hobbys hatte. Man ist nicht nur auf die Partnerschaft beschränkt, sondern kann auch woanders Erfüllung finden und sich in seiner Freizeit mit seinen Interessen beschäftigen.

Wichtig ist, dass Sie Ihre Interessen breit fächern, sonst kann die Sache recht eintönig werden. Schon während der Berufstätigkeit sollten Sie sich verschiedenen Dingen widmen. Golf alleine wird nicht ausreichen, um Ihre Tage auszufüllen. Schreiben Sie also Bücher, spielen Sie Golf, besuchen Sie Freunde, nehmen Sie an Kursen teil, die nichts mit dem Beruf zu tun haben. Wichtig ist zudem, dass es sinnvolle Beschäftigungen sind, bei denen man hin und wieder Erfolgserlebnisse hat.

In der Freizeit sollten Sie sich mit Muße und mit ganzem Herzen einer Sache widmen, und zwar um ihrer selbst willen, nicht aus beruflichen Gründen. Diese europäische Auffassung von Freizeit unterscheidet sich in einem wichtigen Punkt von der amerikanischen: in den USA reicht der Arm der Unternehmensphilosophie bis in die Freizeit der Mitarbeiter hinein. Weil man dort eher eine Arbeits- als eine Freizeittradition hat, gilt die Freizeit in der Geschäftswelt als Zeit zum Erholen, zum Abschalten, zum Wiederaufladen der Batterien, damit man danach wieder fit für die Arbeit ist. In Europa sieht man das anders. Freizeit ist um ihrer selbst willen und nicht um der Arbeit willen da. Der Hauptzweck des Urlaubs ist das Vergnügen, nicht das Wiederauftanken. Das verdanken die Europäer einer jahrhundertealten Freizeittradition.

> Es schadet nicht, Geld und all die Dinge zu haben, die man damit kaufen kann, aber es schadet auch nicht, zuweilen nachzusehen, ob einem nicht die Dinge abhanden gekommen sind, die nicht für Geld zu haben sind.
> *George Horace Lorimer*

Damit man von der wenigen freien Zeit, die einem der Beruf übrig lässt, auch etwas hat, sollte man sich entspannende und keine leistungsorientierten Aktivitäten suchen. Sonst wird die Freizeit anstrengender als die Arbeit. In den USA ist es mittlerweile üblich, die Ferien genauso durchzuorganisieren wie eine Woche im Büro. Man verbringt die Zeit in einem Badeort oder in einem Ashram, wo es kaum Gelegenheit zu spontanen Unternehmungen gibt. Im Skiurlaub in den Rocky Mountains oder in den Alpen ist der Tag so verplant, dass von Entspannung keine Rede sein kann. Viele vergrößern den Stress noch dadurch,

Nach zwei Wochen Urlaub lächelst du endlich mal.

Ich freu mich aufs Büro, wo ich allen erzählen kann, wie toll es war.

dass sie in ständigem telefonischem Kontakt mit dem Büro bleiben. Kein Wunder, dass die Leute die Urlaubszeit manchmal noch anstrengender finden als die Vorweihnachtszeit, die ja schon aufreibend genug ist. Man könnte den Urlaub auch viel ruhiger gestalten, indem man ein Buch liest, die Nachbarn näher kennen lernt und nur mal so zum Spaß einen Roman schreibt. Entspannte Ferien sind eine ausgezeichnete Vorbereitung für den Ruhestand.

Ein Beispiel für leistungsbezogene Freizeitbeschäftigungen erlebe ich immer in meinem Tennisclub. Ich spiele Tennis, um in Form zu bleiben und weil es mir Spaß macht, aber viele sind auf dem Tennisplatz noch ehrgeiziger und verbissener als am Arbeitsplatz. Mit todernster Miene, als handle es sich um eine Beerdigung oder einen Krieg, geht es nur ums Gewinnen: man nimmt nur die Besten als Partner, wählt schwächere Gegner oder schummelt. Wenn man verliert, verheimlicht man das Ergebnis. In meinen Augen genießen diese Menschen ihre Freizeit nicht, sondern sie haben ernsthafte Probleme.

Der Freizeitexperte

Umfragen zufolge sind berufstätige Menschen im Allgemeinen am Sonntag erschöpfter als am Freitag. Warum ist das so?

Aufgrund der protestantischen Arbeitsmoral haben viele Menschen ein schlechtes Gewissen, wenn sie sich einfach ausruhen. Also sind sie lieber geschäftig. Die Wochenenden müssen für alle möglichen Hausarbeiten und persönliche Erledigungen herhalten. Man verbringt die Zeit mit Reparaturen am Haus, mit Rasenmähen, man kümmert sich um die Kinder. Die Betriebsamkeit am Wochenende kommt zum Stress der Arbeitswoche dazu. Durch diese hausgemachten Pflichten bleibt für grundlegende Dinge wie Schlafen und Essen nicht mehr genug Zeit. Kein Wunder, dass die Leute am Sonntagabend fix und fertig sind.

Man sollte eigentlich annehmen, dass die Freizeitgestaltung am Wochenende und im Ruhestand kein Problem ist. Schön wär's! Wir sind darauf konditioniert, fleißig zu arbeiten und ein schlechtes Gewissen zu haben, wenn wir es nicht tun. Wir fürchten uns geradezu vor der Freizeit oder wissen zumindest nicht, was wir damit anfangen sollen. Viele Menschen wollen angeblich gar nicht mehr Freizeit haben, weil sie nur einen Sinn in emsiger Geschäftigkeit sehen.

Für eine sinnvolle Freizeitgestaltung braucht man allerdings Disziplin und eine bestimmte Einstellung. Ein Kenner verweilt und atmet den Duft der Rose ein – genauso müssen Sie es als Freizeitexperte machen. Freizeit dient nicht nur zum Auftanken für die Arbeit. Sie ist für alles da, was man selbst genießt – für ein vertrauliches Gespräch, für Tennis, für Sex oder für die Betrachtung eines Sonnenuntergangs.

Wenn Ihnen bisher nichts eingefallen ist, was Ihnen in der Freizeit Freude machen könnte, arbeiten Sie zu viel und haben sich noch zu wenig mit sich selbst beschäftigt. Es ist nie zu spät, neue Interessen zu entwickeln, neue Sportarten oder Fertigkeiten zu erlernen. Wenn Sie schon während Ihrer Berufstätigkeit dann und wann Gefallen daran finden, nicht zu arbeiten, ist das schon viel wert.

> Arbeit ist das Schönste überhaupt, deshalb sollte man sich auch immer etwas davon für morgen aufheben.
> Don Herold

Hier sind vier Gründe, warum es sich lohnt, ein Freizeitexperte zu werden:

› Wenn Sie verzweifelt hinter einem Job her sind, wird man das beim Bewerbungsgespräch wahrscheinlich merken. Wer auch ohne den Job glücklich ist, hat eine ganz andere Ausstrahlung, und die Chancen, eingestellt zu werden, erhöhen sich.
› Die gegenwärtige hohe Arbeitslosenrate macht es wahrscheinlich, dass immer mehr Menschen immer länger arbeitslos sind. Es ist also sinnvoll, wenn man beizeiten lernt, auch ohne Job zurechtzukommen.
› Wenn Sie sich völlig mit Ihrer Arbeit identifizieren, verschwindet mit Ihrem Job auch Ihr Selbstwertgefühl. Wenn Sie Ihre Identität auch noch über andere Dingen definieren, sind Sie mit oder ohne Job Sie selbst.
› Wenn Sie gelernt haben, wie man auch ohne Arbeit glücklich sein kann, werden Sie das nächste Mal weniger Angst vor einer Kündigung haben, weil Sie darauf vertrauen, dass das Leben immer lebenswert bleibt.

Schießen Sie nicht über das Ziel hinaus wie die Übereifrigen, die in ihrer freien Zeit genauso ehrgeizig sind wie am Arbeitsplatz und damit den ganzen Sinn und Zweck der Freizeitgestaltung nicht erfasst haben. Machen Sie Urlaub zu Hause, und verweigern Sie jeden Kontakt mit dem Büro. Gönnen Sie sich einfach mal einen freien Tag, um ein bisschen Spontaneität in Ihr

Leben zu bringen. Wenn Sie zum Beispiel als Arbeitsloser bis zur nächsten Anstellung genug Zeit haben, fahren Sie für ein paar Wochen in Urlaub. Hauptsache, Sie entspannen sich. Sie werden viel gelassener wieder an die Arbeit gehen und bereiten sich gleichzeitig auf den Ruhestand vor.

Viele Zukunftsforscher sagen voraus, dass es die Arbeit, wie wir sie seit der industriellen Revolution kennen, bald nicht mehr geben wird. Immer mehr Roboter und Computer ersetzen die menschliche Arbeit. Die Zukunft fordert also von Ihnen, dass Sie ein Freizeitexperte werden.

Rauswurf in Eigenregie

Der Beruf kann das Leben aus dem Gleichgewicht bringen. Es gibt Jobs, bei denen man ständig vollen Einsatz bringen muss, die ein ausgeglichenes Leben unmöglich machen. Das Ergebnis sind nicht selten ein unzufriedener Partner, ungezogene Kinder oder brachliegende Freundschaften, und man selber ist todunglücklich.

Im Folgenden sind ein paar Anzeichen aufgeführt, die darauf hindeuten, dass Sie unausgeglichen sind und wahrscheinlich den falschen Job haben:

> Sie müssen sich überdurchschnittlich oft wegen Kopfschmerzen und anderer stressbedingter Beschwerden krankmelden.
> Es graut Ihnen jeden Morgen davor, zur Arbeit zu gehen.
> Sie machen an eiskalten Wintertagen Exkursionen, obwohl Sie einen Schreibtischjob haben.
> Es stört Sie, dass Ihre kreative Seite bei Ihrer jetzigen Arbeit nicht zum Tragen kommt.
> Sie machen Ihren Job nur deshalb weiter, weil Sie noch weitere

16 Jahre durchhalten müssen, um ein gute Rente zu kassieren.
> Ihr Arbeitstag beginnt damit, dass Sie eine Stunde lang die langweiligen Teile der Zeitung vom Vortag lesen.
> Sie sind mit Ihrem Beruf verheiratet; Sie kennen nur die Arbeit, aber kein Vergnügen.
> Sie können sich nicht erinnern, wann Sie Ihren Job zum letzten Mal spannend fanden.
> Es fällt Ihnen schwer, eine Begründung für Ihr Dasein zu finden.
> Ihr Beruf untergräbt Ihre Gesundheit, Sie leiden an Schlaflosigkeit und Überarbeitung und haben keine Zeit zum Ausspannen.
> Sie sind die Hälfte Ihrer Arbeitszeit mit Tagträumen beschäftigt.
> Sie versuchen sich und anderen vergeblich einzureden, dass Ihr Job anregend und interessant ist.
> Sie sind nicht mit ganzem Herzen bei der Sache.
> Sie haben Konzentrationsschwierigkeiten, und es fällt Ihnen nichts ein, was Ihre Projekte weiterbringen und die Probleme lösen könnte.
> Was Sie bisher hingenommen haben, bringt Sie jetzt auf die Palme.
> Sie haben alle Lust an Ihrem Beruf verloren.
> Am Sonntagnachmittag steigt Ihr Adrenalinspiegel dramatisch, weil Sie am Montag wieder zur Arbeit müssen.
> Sie lassen kein gutes Haar an Ihrer Firma, obwohl sie zu den Topunternehmen gehört.

Wir sind nun einmal Gewohnheitstiere und lassen lieber alles beim Alten, auch wenn es uns schlecht geht. Im Berufsleben endet das damit, dass man sich mit einer aussichtslosen Stellung, einer ungeliebten Arbeit und einer Firma abfindet, die einen schlecht behandelt, oder in der man sich einfach grenzenlos langweilt. Eine amerikanische Umfrage hat ergeben, dass der Job für 40 Prozent aller Berufstätigen eine öde Tretmühle ist, sie aus Angst vor einer ungewissen Zukunft eine Veränderung aber scheuen. Als ich noch als Ingenieur tätig war, ist es mir genauso gegangen. Statt selber zu gehen, habe ich gewartet, bis ich vor die Tür gesetzt wurde. Erst viel später ist mir klar geworden, dass ich meine Kündigung selbst provoziert hatte.

Bei den ersten Anzeichen von Überdruss sollten Sie über eine Kündigung nachdenken. Setzen Sie sich selbst an die Luft, bevor es Ihr Arbeitgeber tut. Auch wer im Allgemeinem an seinem Beruf nichts auszusetzen hat, sollte etwas unternehmen, wenn die Arbeit mehr als 50 Stunden in der Woche beansprucht und keine Zeit mehr für andere Dinge lässt. Wenn Sie für Ihre Frau ein Fremder geworden sind, Ihre Kinder Drogen nehmen und Sie selbst ein Häufchen Elend sind, warum ändern Sie dann nichts? Ich kann Ihnen nur raten – ändern Sie Ihre gegenwärtige Situation, oder kündigen Sie! Kommen Sie nicht mit Ausreden wie: ich kann nicht, weil ich Sicherheit brauche, mein Haus abbezahlen muss und die Kinder auf die Universität schicken will und so weiter. Warten Sie nicht auf den richtigen Zeitpunkt für eine Veränderung, denn den gibt es nicht. Das Warten auf den richtigen Zeitpunkt ist die übliche Ausrede von Zauderern.

> Die bitterste Niederlage in einem Menschenleben wird durch die Spanne gekennzeichnet zwischen dem, wozu er in der Lage gewesen wäre, und dem, was tatsächlich aus ihm geworden ist.
> *Henry David Thoreau*

Ein noch so hohes Gehalt kann einen nie für die 40 Stunden oder mehr entschädigen, die man in einem unbefriedigenden Job verbracht hat. Im Ruhestand kann man sich unmöglich die Freude zurückkaufen, auf die man in einem ungeliebten Beruf verzichten musste. Fragen Sie sich doch selbst: »Was nützt mir mein Geld, wenn es mich krank macht?« Auch Reiche können sich ihre Gesundheit nicht zurückkaufen.

Viele Arbeitnehmer bleiben bis zum Ruhestand bei derselben Firma – auch wenn es ihnen dort nicht gefällt –, weil sie nicht auf ihr ansehnliches Gehalt verzichten wollen. Oder sie wollen, wie zwei Lehrer, die ich kenne, wegen der guten Pension nicht den Beruf wechseln, obwohl sie ihn hassen. Doch wer einen ungeliebten Beruf nicht an den Nagel hängt, lebt nur auf Sparflamme. Außerdem ist die Wahrscheinlichkeit groß, dass man noch vor dem Ruhestand so ausgebrannt ist, dass man von seiner schönen Rente gar nichts hat.

Man ist ein Gefangener des Systems, wenn man nur des Geldes wegen arbeitet, und lässt sich vom Sicherheitsdenken der Gesellschaft das Leben vorschreiben. Man bringt sich um seine Lebensfreude – und erstaunlicherweise auch um bessere Verdienstmöglichkeiten. Verschiedene Untersuchungen haben gezeigt, dass man letztlich mehr verdient, wenn man mit dem Herzen bei der Sache ist, als wenn man mit saurer Miene nur wegen des Geldes arbeitet. Es ist also wichtig, dass der Beruf Entfaltungsmöglichkeiten bietet, die Arbeit Spaß macht und individuelle Begabungen zum Zuge kommen. Wie immer kommt es auf die richtige Einstellung an, dann fällt einem das Geld fast von selbst in den Schoß.

Es ist im Übrigen nicht unmöglich, einen Job aufzugeben, es ist nur schwierig. Doch wo ein Wille ist, ist auch ein Weg, auch wenn er steinig ist. Es kostet seinen Preis, aber auf lange Sicht lohnt es sich.

Fragen Sie sich einfach: »Was ist das Schlimmste, was mir bei einer Kündigung passieren kann?« Haben Sie das Schlimmste ermittelt und geht es nicht um Kopf und Kragen, sollten Sie sagen: »Was soll's!« Die Welt geht davon nicht unter. Rücken Sie die Dinge ins rechte Licht, betrachten Sie eher die positiven als die negativen Seiten, und schon sieht das Leben ganz anders aus. Wenn Sie sich um Ihre Sicherheit Sorgen machen, bedenken Sie, dass es sowieso keinen absolut sicheren Arbeitsplatz gibt. Die Gewissheit, dass man genug Fähigkeiten und Fantasie hat, um sich immer über Wasser zu halten, ist die beste finanzielle Absicherung.

Natürlich bleibt immer ein gewisses Risiko, wenn man selber kündigt; aber fast alles, was sich lohnt, ist riskant. Außerdem könnten Sie auch so früher oder später ihren Job verlieren. Bei dem anhaltenden wirtschaftlichen Abwärtstrend erhöht sich das Risiko, dass Sie entlassen werden, ob Sie wollen oder nicht.

Das größte Risiko liegt möglicherweise manchmal darin, den Beruf nicht aufzugeben. Die persönliche Würde und das Selbstwertgefühl müssen Vorrang haben, und wenn die Freiheit auf dem Spiel steht, ist der Arbeitsplatz zweitrangig. Keine Arbeit ist es wert, dass man ihr die Lebensfreude opfert.

Die Berufung ruft

Für erfolgreiche Menschen ist eine persönliche Aufgabe oder ein individuelles Lebensziel eine Hauptquelle ihres Glücks. Wenn es Ihnen morgens schwer fällt, aus dem Bett zu kommen, haben Sie Ihre persönliche Aufgabe noch nicht gefunden. Ein wichtiges Lebensziel belebt. Man springt morgens aus dem Bett und kann es gar nicht erwarten loszulegen, egal ob es draußen regnet oder schneit oder die Sonne scheint. Die persönliche Aufgabe ist eine Berufung, die aus der Seele kommt; sie ist Sinn und Zweck des Daseins und der Grund, warum man überhaupt auf der Welt ist.

Ich war nie auf Leistung und Erfolg aus. Ich habe einfach das getan, was gerade anlag – und was mir am meisten Freude gemacht hat.
Eleanor Roosevelt

Viele Menschen leiden heute unter einer Midlifecrisis. Das liegt daran, dass sie nie ihrer wahren Bestimmung gefolgt sind. Sie haben Jagd auf Karrieren und Jobs gemacht, die möglichst viel Geld abwerfen mussten, damit sie ihrem Yuppie-Lebensstil frönen konnten. Sie haben vielleicht ihr gewünschtes Karriereziel erreicht, sitzen auf dem Chefsessel und haben ein dickes Konto. Doch ihre Ehe liegt in Scherben, die Kinder sind Chaoten, und sie selbst leiden unter extremem Stress und sind unzufrieden.

Glück bedeutet, seine persönliche Aufgabe zu finden und sich ihr mit Hingabe zu widmen. Das ist besonders wichtig, wenn man seinem Leben einen übergeordneten Sinn verleihen möchte. Viele Menschen, die unglücklich sind, haben ihre Lebensaufgabe noch nicht gefunden. Entweder, weil sie nicht danach gesucht haben oder weil sie nicht wissen, wie man das macht.

Es lohnt sich, Zeit und Kraft in die Suche nach der persönlichen Aufgabe zu investieren und sich ihr dann mit Begeisterung zu widmen. Wer das versäumt, wird unzufrieden. Wer seiner eigentlichen Bestimmung und dem, was ihm wirklich Freude macht, immer aus dem Weg geht, setzt seine seelische und körperliche Gesundheit aufs Spiel. Die ständige Verdrängung eigener Interessen und Wünsche führt leicht zur Abhängigkeit von Alkohol, Drogen, Arbeit oder Fernsehen und ist ein vergeblicher Versuch, den Schmerz und die Unzufriedenheit mit dem Leben zu lindern.

Eine persönliche Aufgabe ist mehr als ein bloßes Ziel. Ein Ziel, wie zum Beispiel, Chef eines Unternehmens zu werden, hinterlässt eine Leere, wenn es erreicht ist. Eine persönliche Aufgabe, wie zum Beispiel, die Welt lebenswerter zu machen, indem man sich für eine geringere Umweltverschmutzung einsetzt, ist eine höhere Berufung, der man sich ein Leben lang widmen kann.

Wenn ich hier liege, denke ich manchmal über den Sinn meines Lebens nach, aber meistens male ich mir nur aus, was ich mache, wenn ich eine Million im Lotto gewinne.

Jeder Mensch kann seine eigene Lebensaufgabe finden. Sie kann im Beruf oder in einer Beschäftigung Ausdruck finden, muss aber nicht unbedingt an eine Arbeit geknüpft sein. Es kann sich auch um ein Ehrenamt, ein Hobby oder eine andere Freizeitbeschäftigung handeln. Die wahre Berufung kann darüber hinaus im Zusammenspiel verschiedener Facetten des Lebens zum Tragen kommen. Dazu gehören möglicherweise Ihre persönlichen Interessen, wichtige Beziehungen, Ihre Arbeit und Ihre Freizeitaktivitäten.

Vor kurzem fand ich einen Zeitungsbericht über eine Nonne aus Vancouver, Schwester Beth Ann Dillon, die ihre Lebensaufgabe durch Basketball, ihren Lieblingssport, zum Ausdruck bringt. Ich muss wohl kaum betonen, dass ihre Lebensaufgabe der Dienst an Gott durch den Dienst am Mitmenschen ist. Sie lebt ein einfaches Leben, frei von materiellen Versuchungen, aber reich an Lebensfreude. Das Basketballspiel erhöht ihre Lebensfreude und hilft ihr, ihre Berufung zu erfüllen. Schwester Dillon liebt diesen Sport schon so lange, wie sie Gott liebt. An einer Grundschule bringt sie im Rahmen ihrer ehrenamtlichen Aufgaben Mädchen bei, Basketball zu spielen. Sie ist überzeugt davon, dass dieser Sport die Menschen näher zu Gott bringt.

In seinem Buch ›Die sieben geistigen Gesetze des Erfolgs‹ nennt Deepak Chopra sieben Regeln, die mühelos zum Erfolg führen. Das siebte Gesetz ist »Dharma«, was so viel wie Pflicht, individuelle Talente und wichtiges Lebensziel heißt. Wer seine Aufgabe gefunden hat, wird keinen Mangel an Lebensfreude haben. Diese Aufgabe, der man sein Leben wirklich widmen will, ergibt sich aus den persönlichen Anlagen und dem Wesen eines Menschen.

Eine Lebensaufgabe hat nichts mit Geldverdienen zu tun, sondern bedeutet nur, dass man individuelle Begabungen nutzt, um der Menschheit einen Dienst zu erweisen. Man erweist sich damit gleichzeitig selber einen Dienst, man wird glücklicher und zufriedener – und ganz nebenbei kann auch viel Geld dabei herausspringen.

Eine Lebensaufgabe ist eng mit den eigenen Wertvorstellungen und Interessen verknüpft. Auch persönliche Stärken und Schwächen haben einen Einfluss darauf. Wenn man einen Beruf nur des Geldes wegen wählt und einer Freizeitbeschäftigung nur nachgeht, um die Zeit totzuschlagen, ist das keine Lebensaufgabe. Eine Lebensaufgabe ist etwas, das die Welt ein kleines bisschen verändert und der Menschheit von Nutzen ist, mag dieser Nutzen auch noch so gering sein. Die Lebensaufgabe eines Hausmeisters in einer Schule kann zum Beispiel darin bestehen, die Schule für die Lehrer und Schüler so sauber und ordentlich wie möglich zu halten. Hier sind noch weitere Beispiele für Lebensaufgaben:

> Sinn und Zweck des Lebens ist nicht das persönliche Glück. Sinn des Lebens ist es, nützlich, aufrichtig und warmherzig zu sein und dafür zu sorgen, dass es von Bedeutung war, ob und wie man gelebt hat.
> *Ralph Waldo Emerson*

› Zur Verschönerung der Welt beitragen, indem man die Umweltverschmutzung reduziert
› Für Bedürftige Geld sammeln
› Kinder bei der Entwicklung einer besonderen Begabung oder Fertigkeit fördern, zum Beispiel beim Klavierspielen
› Spannende Kinderbücher schreiben, damit Jungen und Mädchen die Wunder dieser Welt entdecken

> Touristen die Schönheit der Bergwelt näher bringen
> Eine feste Bindung eingehen und sie anregend und lebendig erhalten

Durch eine persönliche Lebensaufgabe stellt man eine enge Verbindung zu sich selbst und zur Umwelt her. Beantworten Sie die folgenden Fragen, vielleicht hilft Ihnen das, die Lebensaufgabe zu entdecken, die zu Ihnen passt:

1. Wofür können Sie sich wirklich begeistern?

Sie müssen vor allem herausfinden, was Sie leidenschaftlich gerne machen; Begeisterung erzeugt Energie. Schreiben Sie alles auf, was Ihnen Freude macht. Das können so unterschiedliche Dinge sein wie Fischen, Reiten, anderen helfen, in der Bibliothek stöbern, Menschen zum Lachen bringen oder fremde Länder bereisen. Fragen Sie sich, was Sie ein paar Stunden vor Ihrer gewohnten Zeit aus dem Bett treiben würde.

2. Wo liegen Ihre Stärken?

Wenn Sie über Ihre Stärken nachdenken, erfahren Sie viel über sich selbst und wo Sie Ihre Kraft am besten einsetzen. Wenn Sie künstlerisch begabt sind, möchten Sie vielleicht malen, komponieren oder Skulpturen anfertigen. Talente wecken die Begeisterung.

3. Wer sind Ihre Vorbilder?

Vorbilder können Menschen aus der Geschichte oder aus der Gegenwart sein, die man bewundert oder sogar verehrt. Es können berühmte oder auch unbekannte Menschen sein, die etwas Außergewöhnliches geleistet haben. Wenn Sie die Wahl hätten – mit welchen drei Vorbildern würden Sie gerne essen gehen? Warum bewundern sie diese Menschen? Wenn Sie den

Charakter und die Taten Ihrer Vorbilder genauer unter die Lupe nehmen, gibt das wertvolle Hinweise auf Ihre eigenen Ideale und Ziele.

4. Was möchten Sie noch lernen oder erforschen?
Was weckt Ihre Neugier? Mit welchem Thema oder Gebiet würden Sie sich gerne näher beschäftigen? Stellen Sie sich vor, ein reicher Verwandter würde aus dem Nichts auftauchen und Ihnen anbieten, zwei Jahre lang eine Ausbildung irgendwo auf der Welt zu finanzieren – was würden Sie wählen?

Die Antworten auf diese Fragen könnten ein Hinweis auf Ihre persönliche Lebensaufgabe sein. Wenn Sie Ihre geheimsten Wünsche erforschen, kommen Sie Ihrer Lebensaufgabe schon ganz nah.

Der Traum vom sicheren Arbeitsplatz

Der traditionelle Arbeitsplatz hat ausgedient und ist den Weg der Dinosaurier gegangen. Eine Anstellung von der Wiege bis zur Bahre innerhalb einer Firma gehört schon lange der Vergangenheit an und wird so schnell nicht wiederkommen, wenn überhaupt.

Die Vorstellung, dass ein Unternehmen ein sicherer Hafen ist, in dem man vor sich hindümpeln kann, ist noch immer weit verbreitet. Entgegen der allgemeinen Befürchtung ist eine Welt ohne sichere Arbeitsplätze aber nicht dem Untergang geweiht. Wir müssen damit zurechtkommen, ob wir wollen oder nicht und wenigstens unsere bisherigen Sicherheitserwartungen ändern. Kein Arbeitgeber kann mehr wie bisher einen sicheren Arbeitsplatz garantieren.

Deshalb sollte die Loyalität sich selbst gegenüber an erster Stelle stehen. Das klingt vielleicht egoistisch, ist aber nicht egoistischer, als wenn ein Arbeitgeber Loyalität von den Angestellten fordert. Wer nicht im Abseits landen will, muss umdenken. Sicherheit lässt sich nur noch über die Gewissheit definieren, dass man den Mut hat, mit jeder Situation fertig zu werden. Sie müssen sich selbst Sicherheit bieten, indem Sie sich aus eigener Kraft und mit viel Fantasie immer über Wasser halten.

Die Kuh schlachten und gleichzeitig melken

Wenn Sie eigentlich gerne Ihren jetzigen Job behalten wollen, aber gleichzeitig mehr Freizeit haben möchten, gehören Sie zu den Menschen, die die Kuh schlachten und sie gleichzeitig melken wollen. Doch keine Sorge, Sie können die Kuh schlachten und trotzdem melken, ob sie es glauben oder nicht. Ganz einfach – Sie besorgen sich zwei Kühe. Na bitte! Damit haben Sie schon all den Arbeits- und Karrieresüchtigen etwas voraus, die gar nicht auf diese Idee gekommen wären.

Obwohl es auf den Überholspuren der Unternehmen nur wenig Rastplätze gibt, auf denen man sich anständig erholen kann, können Sie einen finden, wenn Sie die richtige Einstellung haben. Für einen ausgeglichenen Lebensstil muss man zunächst einmal lernen, wie man Karriere macht, indem man seine Arbeitszeit verkürzt. Wie ich schon im vorigen Kapitel ausgeführt habe, waren die größten Köpfe in der Geschichte der Menschheit kreative Müßiggänger. Die Besten kommen vorwärts, indem sie abbremsen. Sie sind nicht ständig in Eile und lehnen sich auch mal zurück. Sie arbeiten nicht mehr, sondern effektiver. Wie man das am besten anstellt, würde den Rahmen dieses Buches sprengen, aber es gibt ausgezeichnete Bücher zu diesem Thema.

Eine Untersuchung über die Freizeit, die dem Arbeitnehmer im Durchschnitt bleibt, lässt vermuten, dass eine stramme Karriere nicht ausreichend Gelegenheit zur Entspannung bietet. So ergab eine Umfrage von 1988, dass die Arbeitswoche in den USA von 1973 bis 1988 von durchschnittlich weniger als 41 Stunden auf fast 47 Stunden geschnellt war. Die Freizeit hatte sich um 37 Prozent verringert. Man hatte also weniger Zeit für Hobbys und Urlaub zur Verfügung und weniger Zeit, die Seele baumeln zu lassen.

Andere Untersuchungen widersprechen diesen Ergebnissen: die meisten Amerikaner haben zirka fünf Stunden mehr Freizeit, weil sie weniger Kinder und weniger Hausarbeit haben. Probleme treten diesen Untersuchungen zufolge nicht aufgrund einer zu knapp bemessenen Freizeit auf, sondern weil die Leute nichts damit anfangen können. Im Durchschnitt hat ein Amerikaner ungefähr 40 Stunden Freizeit pro Woche, aber er vergeudet sie zum großen Teil. Annähernd 40 Prozent seiner Freizeit sitzt er vor dem Fernseher. Der  Rest geht für Kochen, Putzen, Lebensmitteleinkäufe, Reparaturen am Haus, Bezahlen von Rechnungen und aus dem Büro mitgebrachte Arbeit drauf. Das ist schlicht und einfach zu viel. Das Ergebnis ist, dass man am Sonntag noch fertiger ist als am Freitag.

Trotz der Studien bin ich fest davon überzeugt, dass man sehr wohl steuern kann, wie viel Freizeit man hat. Wer sich nicht mal Zeit zum Durchatmen nimmt – geschweige denn den Duft einer Rose genießt –, hat selbst Schuld. Fast alles im Leben hängt von der eigenen Entscheidung ab. Ein Mangel an Freizeit ist meistens selbst verursacht; wer zu wenig Zeit hat, hat sich eben zu viel vorgenommen oder sich mit zu viel Besitz belastet.

Damit ein Gleichgewicht entsteht, muss man die Sache unverkrampfter angehen und die Freizeit ganz obenan stellen. Eigentlich ganz einfach: Verlassen Sie das Büro pünktlich um halb fünf oder um fünf. Dann haben Sie noch genug Energie, um Ihren anderen Interessen nachzugehen. Auf diese Weise zeigen Sie, dass Sie ein aufgeschlossener, intelligenter Mensch sind, einer der führenden Köpfe unserer Zeit. Nehmen Sie sich auch für zu Hause weniger vor. Verbringen Sie weniger Zeit mit Kochen, Einkaufen, Putzen und Reparaturen.

In den siebziger und achtziger Jahren war ein Arbeitsvertrag selten so gestaltet, dass er Möglichkeiten für eine befriedigende Freizeit- und Lebensgestaltung bot. Fortschrittliche Unternehmen haben aber erkannt, dass ein harmonischer Lebensstil eine Mischung aus Muße und Arbeit beinhaltet. Freizeit sollte dem Arbeitnehmer zustehen, wenn er sie braucht, und nicht nur am Wochenende, im Urlaub oder im Ruhestand zur Verfügung stehen. Im Folgenden sind ein paar Maßnahmen zur Verbesserung der Lebensqualität von Angestellten aufgeführt, die immer beliebter werden:

> So genannte Sabbaticals – bezahlte oder unbezahlte berufliche Auszeiten – für alle
> Altersteilzeit für eine schrittweise Verlängerung der Freizeit
> Telearbeit

> Gleitende Arbeitszeiten für eine flexible Freizeit und zur Zeiteinsparung für Pendler
> Gutgeschriebene Überstunden, die man durch Freizeit ausgleichen kann
> Halbe Stellen und Teilzeitjobs zur Verkürzung der Arbeitszeit

Diese alternativen Arbeitsbedingungen können dazu beitragen, dass die Freizeitgestaltung befriedigender wird. Es ist nicht einfach, Firmen zu finden, die solche Maßnahmen anbieten, aber es tut sich was auf dem Arbeitsmarkt. Wenn Ihr derzeitiger Arbeitgeber keine Anstalten macht, diese neuen Ideen umzusetzen, wird es Zeit, dass Sie sich nach einem anderen umsehen. Doch Sie können noch mehr tun, um Ihre Freizeit zu verlängern, zum Beispiel näher an den Arbeitsplatz ziehen, um sich die Zeit im Berufsverkehr zu sparen.

Eine ausgewogene Lebensweise bedeutet, dass mindestens ein Viertel der Zeit, in der man nicht schläft, unverplant ist. Sonst kommt man auf keinen grünen Zweig. Gönnen Sie sich ausreichend Zeit für sich selbst, damit Sie sich kennen lernen und weiterentwickeln können. Es ist falsch, Sport, Reisen und andere Aktivitäten zu vernachlässigen, weil man einen Partner und Kinder sowie einen Beruf hat und weil man seinen Lebensunterhalt verdienen muss. Man kann immer noch eine sinnvolle Freizeitbeschäftigung unterbringen. Schon aus gesundheitlichen Gründen kann man es sich nicht leisten, die kreative Muße ganz aus seinem Leben zu streichen. Die Freude im Privatleben überträgt sich auf die Arbeit; und die Arbeit wird wieder mehr Spaß machen, weil man entspannter ist.

> Ich würde meine Mußestunden nicht für alle Schätze der Welt eintauschen.
> *Comte de Mirabeau*

Der wichtigste Punkt in diesem Kapitel ist, dass Sie *sofort* damit anfangen sollten, Ihre Freizeitinteressen zu verfolgen. Vielleicht wird es schwierig, wenn Sie Ihre Karriere, Ihre Schulden, Ihren Besitz und Ihre Kinder ausbalancieren müssen, um ein ausgeglicheneres Leben zu führen. Wenn der Job das nicht zulässt, dann suchen Sie sich eben einen anderen. Was auch zu tun ist, tun Sie es jetzt. Das Leben ist zu kurz, um sich freiwillig der Sklaverei zu unterwerfen.

Ein harmonisches Leben mit einem befriedigenden Beruf und vielen Beschäftigungen, die nichts mit der Arbeit zu tun haben – damit können Sie die Kuh schlachten und gleichzeitig melken. Aber nur wenn Sie die Sache selbst in die Hand nehmen.

Arbeitslosigkeit – der ultimative Persönlichkeitstest

Endlich in vollen Zügen genießen

In diesem Kapitel gebe ich Ihnen ein paar Tipps, damit Sie nicht unvorbereitet in die neu gewonnene Freizeit stolpern. Auf den Eintritt ins Berufsleben bereitet man sich normalerweise jahrelang vor, auf das Ausscheiden aus dem Arbeitsleben aber kaum oder gar nicht. Dabei kann der Ruhestand oder eine vorübergehende Arbeitslosigkeit der Höhepunkt im Leben werden. Ohne Arbeit tut sich eine Welt voller neuer Abenteuer auf, und man kann das Leben ganz anders genießen als ein Berufstätiger.

Wenn man von einem Tag auf den anderen plötzlich unendlich viel Zeit hat, zeigt sich, wer man wirklich ist. Zusätzliche Freizeit kann ein Geschenk des Himmels sein, wenn man sich persönlich weiterentwickelt und sich nicht völlig mit seinem Beruf identifiziert hat. Wer die Arbeitslosigkeit genießen will, muss in der Lage sein, mit sich selbst zurechtzukommen und nicht nur auf Forderungen und Anweisungen der

> Diese Zeit ist, wie jede andere auch, eine sehr gute Zeit, wenn wir nur wissen, was wir damit anfangen.
> *Ralph Waldo Emerson*

Gesellschaft, der Arbeitswelt und der Medien zu reagieren. Auch für den Fall einer vorübergehenden Arbeitslosigkeit sollte man den richtigen Umgang mit freier Zeit einüben. Man muss heute damit rechnen, mehrmals im Leben seine Karriere neu aufbauen zu müssen. Im Durchschnitt verbringt ein Arbeitnehmer in den USA nur noch gut dreieinhalb Jahre an einem Arbeitsplatz. Man muss zunehmend darauf gefasst sein, zumindest vorübergehend entlassen zu werden; einen sicheren Arbeitsplatz gibt es nicht mehr. Die Zeit zwischen den Jobs sollte man gut nutzen.

Die Einstellung sowie eine ausreichende Motivation entscheiden über den Erfolg der Bemühungen auf dem manchmal steinigen Weg in die Freizeit. Wenn man immer nur gearbeitet hat und auf Geld und Ansehen aus war, kann man dabei leicht stolpern. Man hat immer nur gelernt, wie man hart arbeitet und wie man zu Geld kommt – das prägt. Und wenn man dann endlich das Leben genießen könnte, fällt die Umstellung schwer.

Ein neuer Lebensplan

Der Verlust des Arbeitsplatzes macht jeden zutiefst betroffen. Wer das Gegenteil behauptet, ist dumm oder lügt. Für die meisten Menschen ist es anfangs schwierig, mit einer Kündigung oder dem Ruhestand umzugehen.

Je mehr man sich mit seiner Arbeit identifiziert hat, umso schwerer fällt die Umorientierung. Wer völlig in seiner Arbeit aufgegangen ist, für den geht der Verlust des Arbeitsplatzes häufig mit dem Verlust des Selbstwertgefühls einher. Solche Menschen trauern ihrer Arbeit meistens lange nach.

Trotz Angst vor der Leere und Antriebslosigkeit gewöhnen sich die meisten früher oder später an ein Leben ohne Arbeit. Manche Menschen sind allerdings so stark von puritanischen Prinzipien geprägt, dass sie deprimiert sind, wenn sie nicht arbeiten. Aufgrund ihrer unflexiblen Haltung leiden sie besonders unter dem Verlust ihrer Selbstachtung, wie die Selbstmordrate amerikanischer Männer beweist, die im Ruhestand viermal höher ist als in den übrigen Lebensabschnitten.

Ich nehme an, dass Sie nicht zu den hoffnungslosen Fällen gehören, denn dann würden Sie dieses Buch nicht lesen. Ich nehme auch an, dass Sie in der Lage sind, Ihren Lebensplan umzuschreiben, so dass Ihnen der Eintritt in die Welt der Muße leichter fällt. Wenn Sie sich sehr stark mit Ihrem Beruf identifiziert haben, sollten Sie keine Wunder erwarten. Lassen Sie sich Zeit, denn Sie ändern immerhin Ihr Bild von sich selbst. Anfangs kommen Sie sich vielleicht wie ein Versager vor, doch das vergeht, sobald Ihr Selbstbewusstsein wächst. Das Ziel, Geld zu verdienen, muss den mehr an der Muße orientierten Zielen weichen. Sorgen Sie dafür, dass Ihre Freizeitbeschäftigungen Ihnen Erfolgserlebnisse bescheren. Dann werden Sie sich bald nicht mehr als Versager, sondern als Gewinner sehen.

Die Wiederentdeckung des wahren Ichs

Mit dem Ende eines Jobs oder einer Karriere geht eine entscheidende Identifikationsmöglichkeit verloren. Wenn kein neuer Job den alten ersetzt, muss die Freizeit die Bedürfnisse befriedigen, die vorher der Job erfüllt hat. Die ersten Tage und Wochen der Umstellung sind die schwersten. Manche Menschen reagieren ängstlich oder panisch, andere finden die neue Situation nur ungewohnt.

Eine wichtige Rolle spielt dabei die Entdeckung des wahren Ichs. Wer völlig in seinem Beruf aufgegangen ist, hat von einem Freizeitleben wahrscheinlich wenig gesehen. War es überhaupt ein richtiges Leben?

Die Karriere hat alle Bedürfnisse befriedigt, aber im Lauf der Jahre die Persönlichkeit verändert. Das Wohl der Firma, nicht das eigene Wohl, stand im Vordergrund. Karrieren haben die hässliche Begleiterscheinung, die Persönlichkeit, das wahre Ich, zu unterminieren.

Es wird vielleicht ein wenig dauern, bevor Sie Ihr wahres Ich wiederentdecken. Sie müssen ein bisschen graben – vor allem in sich selbst – um herauszufinden, wer Sie eigentlich sind. Diese neue Aufgabe erfordert Ausdauer und den Willen zu wachsen und Fortschritte zu machen. Wenn Sie sich dann selbst wiedergefunden haben, brauchen Sie keinen Job mehr, um sich zu definieren.

Morris M. Schnore, ehemaliger Professor für Psychologie an der University of Western Ontario, hat eine groß angelegte Untersuchung über den Ruhestand durchgeführt. Seine Ergebnisse lassen darauf schließen, dass der Mensch keinen Job braucht, um glücklich und zufrieden zu sein. Es gibt nur wenige, die unter einer längeren Identitätskrise leiden. Laut Schnore haben nur zehn Prozent gravierende Anpassungsprobleme, vor allem diejenigen, die eine negative Einstellung in Bezug auf den Ruhestand haben und die Arbeit in den Mittelpunkt ihres Lebens stellen.

> Es gibt zwei Ziele im Leben: das zu erreichen, was man sich vorgenommen hat – und es dann zu genießen. Nur ein kleiner, sehr weiser Teil der Menschheit erreicht das zweite Ziel.
> L.P. Smith

Schnore fand zudem heraus, dass ältere Menschen im Allgemeinen mit ihrem Leben zufriedener sind als jüngere. Rentner sind allen Gerüchten zum Trotz glücklicher als Arbeitnehmer mittleren Alters. Fast die Hälfte aller Rentner – 43 Prozent – behauptet, dass es ihnen gesundheitlich besser geht. Einige fanden am Ruhestand sogar mehr Geschmack als sie erwartet hatten. Laut Schnore gibt es drei Faktoren, die die Anpassung an den Ruhestand erleichtern:

› Erreichbare Ziele anstreben
› Die Zufriedenheit mit dem, was man hat
› Das Vertrauen, mit eventuellen Problemen fertig zu werden

Der Eintritt in ein Leben voller Muße ist mit vielen Veränderungen verbunden. In der Übergangsphase kommt man nicht umhin, sich selbst neu zu definieren. Dann gibt es keinen Grund mehr, sich dumm und nutzlos vorzukommen, nur weil man keinen Job hat. Wer einmal begriffen hat, wie wertvoll Freizeit ist, dem wird es nicht schwer fallen, neue Herausforderungen zu finden – alleine oder mit ein bisschen Nachhilfe.

Ein neues Erfolgskonzept

Hatten Sie auch schon immer ein schlechtes Gewissen, wenn Ihnen etwas Spaß gemacht hat, das nichts mit der Arbeit zu tun hatte? Dann brauchen Sie dringend einen Paradigmenwechsel, sonst wird Ihre Freizeit zur Katastrophe. Ein Paradigma ist eine Idee oder ein Konzept, das eine Gruppe von Menschen verbindet. Ein Paradigmenwechsel setzt neue Denkweisen über alte Probleme in Gang. Normalerweise enthält das neue Konzept Grundlagen, die schon vorher da waren, aber bisher übersehen worden sind.

Ihr neues Konzept muss vor allem eine Änderung der Ansichten über die Freizeit enthalten. Sie muss als ebenso sinnvoll betrachtet werden wie alle bisherigen Jobs. Ein Leben voller Muße muss nicht oberflächlich und ziellos sein. Muße hat nichts mit einem einsamen Dasein vor dem Fernseher zu tun, obwohl es bei unmotivierten Menschen, die noch an ihren alten Vorstellungen festhalten, schnell darauf hinauslaufen kann. Im Zauberreich der Freizeit haben auch Erfolgserlebnisse einen Platz.

Das Gefühl, erfolgreich zu sein, kann sich mit oder ohne Beruf einstellen. Erfolg, wie ihn die Gesellschaft versteht, bedeutet, einen angesehenen Job, ein großes Haus und ein teures Auto zu haben. Das ist aber nicht die einzige Möglichkeit, Erfolg zu definieren.

Mir gefällt Ralph Waldo Emersons Definition von Erfolg:
> - Oft lachen und viel lieben
> - Den Respekt kluger Menschen und die Zuneigung von Kindern erringen
> - Die Zustimmung aufrichtiger Kritiker ernten und den Verrat falscher Freunde ertragen
> - Sinn für Schönheit
> - Im Mitmenschen das Gute sehen
> - Geben, ohne selbst zu nehmen
> - Die Welt besser verlassen, als man sie vorgefunden hat: durch ein gesundes Kind, eine gerettete Seele, ein Stückchen Garten oder bessere soziale Bedingungen
> - Mit Begeisterung gespielt und gelacht und laut gesungen zu haben
> - Zu wissen, dass wenigstens ein Mensch es leichter gehabt hat, weil man auf der Welt war

Das heißt Erfolg.

Alles, was Emerson zum Erfolg zählt, muss nichts mit dem Beruf zu tun haben. Arbeitslos zu sein heißt also nicht, dass man ein unproduktiver Versager ist. Nur wer sich selbst dafür hält, ist ein Versager. Wie ich im zweiten Kapitel ausgeführt habe, ist mit der richtigen Perspektive schon fast alles gewonnen. Ändern Sie also Ihre Einstellung, wenn Sie sich ohne Job für unproduktiv halten. Man gehört nämlich zu den Gewinnern, zu den Privilegierten, wenn man die Zeit hat, um sich selbst zu verwirklichen.

> Erfolg ist, wenn man bekommt, was man will. Glück ist, wenn man will, was man bekommt.
> *Ein unbekannter kluger Mensch*

Vergegenwärtigen Sie sich noch einmal, dass große Philosophen, wie Plato und Aristoteles, schon die richtige Einstellung zur Muße hatten: sie galt nicht als Faulheit oder als Zeitverschwendung. Muße führte zu eine tieferen Selbsterkenntnis, die das höchste Lebensziel war. Müßiggänger waren privilegierte Leute, da sie in der Lage waren, sich selbst zu verwirklichen. Auch Sie sollten es als Privileg ansehen, wenn Sie die Gelegenheit haben, ein Leben voller Muße zu führen.

Die drei Säulen der Freizeit

Es ist nur die halbe Wahrheit, wenn jemand behauptet, seinen Beruf zu vermissen. Er vermisst nämlich nicht die Arbeit selbst, sondern ihre Begleiterscheinungen. Auch wenn es den meisten Menschen nicht klar ist – ein Beruf ist nicht nur zum Geldverdienen da. Er befriedigt auch noch andere Bedürfnisse. Besonders wer eine leitende Position hat, wird reich belohnt. Er erhält Selbstbewusstsein, Status, Anerkennung, hat Erfolgserlebnisse, Entwicklungsmöglichkeiten und Macht. Mit dem Verlust des Jobs geht auch all das verloren. Die Freizeit wird nur dann als befriedigend empfunden, wenn die Bedürfnisse, die bisher der Arbeitsplatz befriedigt hat, ausreichend aufgefangen werden können.

Es gibt drei wichtige menschliche Bedürfnisse, denen die meisten Berufe automatisch entgegenkommen. Das Bedürfnis nach Strukturen, nach Zielen und nach Gemeinschaft. Fällt die Arbeit weg, muss die Freizeit diese Bedürfnisse befriedigen.

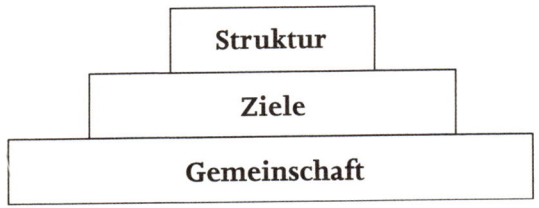

1. Eine neue Struktur schaffen

Die Gesellschaft gibt uns von der Kindheit bis zum Rentenalter feste Strukturen vor. Problematisch wird es, wenn man plötzlich ohne Arbeit, aber mit ungeheuer viel Freizeit dasteht. Mit der Arbeit verschwinden die Strukturen, die der Beruf vermittelt hat. Jetzt muss man sich selbst eine Struktur geben, was gar nicht so einfach ist.

Zunächst einmal hört es sich ganz gut an, vorgefertigte Strukturen und Abläufe hinter sich lassen zu können: endlich nicht mehr so früh aufstehen, endlich nicht mehr das Frühstück herunterschlingen, keine Termine, kein Berufsverkehr mehr. Mit anderen Worten, die Uhr bestimmt nicht mehr das Dasein. Das Problem ist nur, dass eine gewisse Struktur und Routine uns ganz gut tut. Als Gewohnheitstiere sind wir von Strukturen abhängig. Routine ist bequem. Und wer hat es nicht gerne bequem?

Der Verlust von Strukturen kann verheerend sein, besonders für disziplinierte und unflexible Menschen. Der Tag muss ausgefüllt werden, ein Leerlauf kann sonst zur Regel werden statt die Ausnahme zu bleiben. Leerlauf endet in Langeweile und Freudlosigkeit. Überdisziplinierte Menschen ziehen sich manchmal völlig von der Gesellschaft zurück und verzweifeln, weil sie es ablehnen, sich einem Leben anzupassen, das ihnen erlaubt, zu tun, was sie wollen. In extremen Fällen kann es zu einem vorzeitigen geistigen und körperlichen Verfall kommen.

Wer unabhängig, einfallsreich und motiviert ist, für den kann der Verlust von Strukturen ein Segen sein. Endlich ist man frei und kann neue, eigene Lebensstrukturen entwerfen. Struktur kann auf die unterschiedlichste Weise entstehen. Als ich zum Beispiel meinen Beruf mit seinen festgelegten Abläufen aufgegeben hatte, musste ich selbst neue Strukturen entwickeln. Zweimal täglich sportliche Betätigung zum Fitbleiben brachte Struktur in meinen Tag. Morgens als Erstes 50 Minuten lang Gymnastik, am späten Nachmittag noch mal eineinhalb Stunden Training – Radfahren, Joggen oder Tennis spielen. Neben allen möglichen anderen Vorteilen verschafft mir das Training eine tägliche Routine. Außerdem strukturiere ich meinen Tag durch regelmäßige Besuche in meinem Lieblingsbistro, wo ich meinen Kaffee trinke, mit den Stammkunden ein bisschen Smalltalk mache und drei verschiedene Zeitungen lese. Außerdem setze ich regelmäßige Zeiten fest, in denen ich meine Bücher schreibe, und gebe meinem Tagesablauf dadurch noch mehr Struktur.

> Ich versuche mein Leben so zu regeln, dass es auch ohne mich läuft.
> *Ein unbekannter kluger Mensch*

Motivierte Menschen schaffen sich ihre eigenen Strukturen, die die Strukturen ihres Berufes ersetzen. Eine Vielzahl von Freizeitbeschäftigungen bietet dazu Gelegenheit:
› Belegen Sie Kurse an der Volkshochschule oder der Universität.
› Werden Sie Mitglied in Ausschüssen von Wohltätigkeitsvereinen, die sich regelmäßig treffen.
› Spielen Sie Tennis, Golf, Hockey oder Fußball, oder üben Sie eine andere Sportart aus.
› Übernehmen Sie ein Ehrenamt.

Wenn die alten Strukturen verloren gehen, müssen Sie sich selbst neue aufbauen. Das kann Ihnen niemand abnehmen; ich schon gar nicht (es gibt zu viele Bistros, die auf mich warten). Es liegt ganz bei Ihnen, welche Strukturen und Abläufe Sie sich ausdenken. Wenn Sie sich schon ein paar anregende Ziele im Leben gesetzt haben, dürfte Ihnen das bei Ihren vielen Interessen nicht schwer fallen.

2. Sich neue Ziele setzen

Arbeitswütige Menschen kommen normalerweise bestens an ihrem Arbeitsplatz zurecht, fühlen sich aber völlig verloren, wenn sie plötzlich mehr Freiraum haben. Ihre Ziele waren durch die Arbeit vorgegeben und lösen sich ohne den Beruf in Nichts auf. Solche Menschen haben sich nie die Zeit genommen, in sich selbst hineinzuhorchen und sich eigene, höhere Ziele zu stecken.

Mach dir nichts draus, dass du arbeitslos bist, Dad. Ich bin schon mein ganzes Leben arbeitslos, und es macht richtig Spaß.

Wenn man keine Arbeit hat, ist die Zielgebung eine geradezu lebenswichtige Angelegenheit: Statistiken zeigen, dass Rentner in den USA, die kein Lebensziel mehr haben, nicht gerade durch Langlebigkeit auffallen; sieben von zehn sterben innerhalb von zwei Jahren; Es scheint, dass diese Menschen mit ihrem Job auch jegliches Ziel im Leben verlieren. Würden sie sich neue Ziele setzen, die im Ruhestand zur treibenden Kraft werden könnten, würden ihnen wahrscheinlich noch ein paar Jahre mehr bleiben.

Ihr Beruf hatte vielleicht eine große Bedeutung für Sie, weil er ein Ventil für Ihre Kreativität war; doch auch die Freizeit kann diese Funktion übernehmen: viele Beschäftigungen eignen sich besonders gut als kreatives Ventil. Ein Ziel muss nicht unbedingt durch die Arbeit vorgegeben sein. Das Gefühl, etwas zu leisten und zu erreichen, kann sich auch ohne Job einstellen.

Als mir vor über zehn Jahren gekündigt wurde, war mein Ziel für die nächsten zwei Jahre, mein Leben ohne jegliche

Arbeit oder Weiterbildung zu genießen. Ich wurde ein passionierter Müßiggänger und hatte am Ende das Gefühl, etwas erreicht zu haben, obwohl mancher vernünftige und intelligente Mensch bei einer solchen Lebensweise verrückt geworden wäre. Ich kann von mir behaupten, dass ich zwei Jahre lang ohne Job so gut wie jede Minute genossen habe. Da mich während dieser Zeit weder eine Arbeit noch andere Dinge ablenkten, lernte ich mehr über mich und die Welt als je zuvor.

> Das Geheimnis des Erfolgs ist die beharrliche Zielsetzung.
> *Benjamin Disraeli*

Prüfen Sie genau, ob Sie ein Ziel haben oder nicht; es ist die tragende Säule Ihrer Kreativität. Ihre wichtigste Aufgabe besteht jetzt darin, in sich hineinzuschauen, ein Ziel zu entdecken und Ihr Leben danach auszurichten. Fangen Sie am besten gleich damit an, indem Sie diesen Selbstfindungs-Test machen:
> › Um die Welt zu verändern, würde ich _____
> › Es wäre toll, wenn ich _____
> › Ich bewundere _____, weil er/sie ein Lebensziel hat.
> › Wenn ich 95 bin, möchte ich zurückblickend sagen können, dass ich Folgendes erreicht habe: _____
> › Mein Leben wäre erfüllt, wenn ich _____ könnte.

Menschen, die erfolgreich sind, sei es im Beruf oder im Privatleben, haben immer ein Lebensziel. Hier sind ein paar Beispiele für Ziele, die man sich für die Freizeit setzen kann:
› Für einen anderen Menschen wichtig sein
› Einen Beitrag leisten – zum Beispiel in seiner Gemeinde
› Sich künstlerisch ausdrücken
› Sich auf abenteuerliche Reisen begeben

> Sich für den Umweltschutz einsetzen
> Anderen Menschen beibringen, wie man sein Leben genießt
> Eine anspruchsvolle Aufgabe bewältigen
> Sich um die eigene Gesundheit kümmern
> Für sein persönliches Lebensglück sorgen

Es gibt tausend sinnvolle Freizeitbeschäftigungen. Sie können auch Hilfsaktionen ins Leben rufen oder andere Wege finden, um sich selbst zu verwirklichen. Ein übergreifendes Ziel verleiht ungeahnte Energien, der emotionale Stress lässt nach, und das Leben gerät wieder ins Gleichgewicht.

Der springende Punkt ist, ein Ziel zu finden, für das man sich begeistern kann; es wird zur treibenden Kraft und lässt keine Langeweile aufkommen. Ihr Leben bleibt auf diese Weise spannend und interessant, und darüber hinaus entwickeln Sie sich ständig weiter und lernen Neues. Mit einem Ziel vor Augen werden Sie in Ihrer Freizeit nie orientierungslos dahintreiben. Sie müssen allerdings darauf achten, dass Ihr Ziel Ihrem Wesen und Ihren Träumen entspricht. Dann wird Sie jede Aufgabe, jede Tat, jede neue Situation fesseln und Sie werden sich ihm gerne mit ganzem Herzen widmen.

3. Ein Gemeinschaftsgefühl herstellen

Ein Büro ist nicht nur ein Ort, an dem gearbeitet wird, es ist auch ein Ort, an dem eine Gemeinschaft entsteht. Anders als früher verdient man dort nicht nur seinen Lebensunterhalt, man schließt auch Freundschaften, verabredet sich und trifft sich nach Büroschluss. Jeder Mensch hat das Bedürfnis nach einer Gemeinschaft, zu der er etwas beitragen kann, und die Wertschätzung und Anteilnahme durch Kollegen ist ihm wichtig.

Der Arbeitsplatz ist für viele der einzige Ort, an dem soziale Kontakte entstehen. Arbeitsgruppen, Teams, Ausschüsse und Betriebsausflüge vermitteln ein Zusammengehörigkeitsgefühl. Die meisten Berufstätigen finden ihre Freunde am Arbeitsplatz. Wenn man dort 40 Stunden in der Woche, und das 35 oder 40 Jahre lang, seine sozialen Bedürfnisse befriedigt hat, fällt es schwer, diese Kontakte aufzugeben. Mit dem Verlust des Jobs ist auch der Verlust vieler Freundschaften und Kontaktmöglichkeiten und nicht zuletzt der Verlust einer seelischen und psychischen Stütze verbunden.

Es ist dann natürlich zwecklos, zu warten, dass man aus diesem Loch herausgeholt wird. Man muss sich selbst wieder in eine Gemeinschaft einbinden, indem man sich anderen Gruppen, Vereinen und Organisationen anschließt. Kollegen, Freunde, Nachbarn, die Familie, Wohltätigkeitsvereine und Gemeinden bieten sich dazu an.

Welchen Gruppen man sich anschließt, hängt von den persönlichen Interessen und Bedürfnissen ab. Man sollte aber mindestens zwei Abende in der Woche aus dem Haus gehen und sich mit Menschen treffen, die sich ein bestimmtes Ziel gesetzt haben. Es kann politisch sein oder beispielsweise mit der Kirche oder einem Hobby zu tun haben. Auf diese Weise können neue soziale Kontakte aufgebaut werden, man hat gleichzeitig ein Ziel und die Gelegenheit, Anerkennung zu bekommen.

> Ein großer Geist ist schon immer bei den mittelmäßigen auf heftigen Widerstand gestoßen.
> *Albert Einstein*

Von anderen Menschen etwas zu lernen ist eine gute Möglichkeit, klug und weise zu werden. Suchen Sie die Gesellschaft von Menschen, denen es auch ohne Job richtig gut geht. Achten Sie darauf, wie sie ihre Freizeit gestalten und es schaffen, das Leben zu genießen. Sie werden sehen – es sind Menschen, die sich ein Ziel gesteckt, ihrem Leben eine Struktur gegeben haben und soziale Kontakte pflegen.

Die Freizeitkarriere

Von dem Moment an, in dem Sie in den Ruhestand gehen oder arbeitslos werden, sollten Sie die Freizeit als Ihre neue Karriere betrachten. Erfüllung, Selbstverwirklichung und die Bewältigung sinnvoller Aufgaben sind neue Ziele. Sie müssen sich nicht nutzlos vorkommen, nur weil Sie keine Arbeit haben. Im Gegenteil: Sie erweisen der Gesellschaft einen großen Dienst, weil Sie in der Lage sind, ohne Job zurechtzukommen.

Der Gedanke, dass man aus der Freizeit eine Karriere machen kann, wird in Ihrem Freundes- und Bekanntenkreis sicher nicht auf viel Verständnis stoßen. Lassen Sie sich nicht von abschätzigen Bemerkungen beeindrucken, etwa, Sie würden ohne Arbeit keinen gesellschaftlichen Beitrag leisten. Das ist nur die Meinung von Kleingeistern, deren Ansichten für Sie und Ihr Leben keinerlei Bedeutung haben.

Hartnäckigen Nörglern sollten Sie klar machen, dass es wesentlich mehr Mühe erfordert, so zu leben wie Sie, als einfach arbeiten zu gehen. Man muss nicht sehr einfallsreich sein, um einen Job zu verrichten, dessen Abläufe und Ziele von anderen vorgegeben sind. Ein Leben in völliger Muße, das man selbst strukturieren muss, ist ungleich schwieriger. Man muss sehr viel mehr Fantasie aufbringen, um sich sinnvoll zu beschäftigen, als wenn man nur etwas ausführt, was andere Leute sich ausgedacht haben.

Ich war oft und lange arbeitslos und bin immer wieder gefragt worden, wovon ich eigentlich lebe. »Ich bin zu reich, um zu arbeiten. Momentan bin ich Freizeitexperte«, habe ich dann geantwortet. Wenn jemand dann unbedingt wissen wollte, ob ich finanziell absolut unabhängig sei, konnte ich meinen Trumpf aus dem Ärmel ziehen: »Ich habe von geistigem, nicht von finanziellem Reichtum gesprochen. Wie schade, dass Ihnen dieser immaterielle Wohlstand noch nicht zur Verfügung steht. Strengen Sie sich an, es ist noch nicht zu spät!« Einigermaßen perplex gab mein Gegenüber dann meistens Ruhe. Geschieht solchen engstirnigen Zeitgenossen, die glauben, man könne nur mit Arbeit und Geld Karriere machen, ganz recht!

Mehr Freizeit zu haben ist kein Grund zur Angst, sondern ein Privileg. Es ist eine enorme Lebensbereicherung, wenn man ohne Job seine Persönlichkeit weiterentwickelt. Ohne die Zwänge der Arbeitswelt ist man freier: freier im Denken und Handeln, und es erwarten einen ungeahnte Möglichkeiten. In der Arbeitslosigkeit erweist sich erst, wer man wirklich ist. Sie ist *die* Gelegenheit, der zu werden, der man schon immer sein wollte.

Hausgemachte Langeweile

Eine sterbenslangweilige Krankheit

Ein Amerikaner und ein Europäer, beide keine Verächter von Freizeit, unterhielten sich einmal über die Freuden des Lebens, als der Europäer beiläufig bemerkte, er kenne hundert verschiedene Arten des Liebesspiels. Der Amerikaner antwortete etwas bedrückt, er kenne nur eine. Der Europäer fragte, welche das sei. Der Amerikaner beschrieb die natürlichste und geläufigste Weise. Der Europäer sagte daraufhin: »Interessant! Wäre ich nie drauf gekommen! Besten Dank. Jetzt kenne ich hundertundeine Arten.«

Sind Sie der Amerikaner oder der Europäer? Sehen Sie auch immer nur einen Weg, oder halten Sie nach mehreren Ausschau? Wer Scheuklappen trägt und immer nur einen Weg nimmt, dazu noch den ausgetretensten, der ist für eine Krankheit anfällig, die in der folgenden Übung beschrieben wird.

Übung 8

Unter dieser Krankheit leiden Millionen von Menschen. Man kriegt davon Kopf- oder Rückenschmerzen, schläft schlecht oder wird impotent. Manche Menschen verfallen der Spielsucht, überfressen sich oder werden hypochondrisch. Was ist das für ein Leiden?

Wenn Sie gerade Kopfschmerzen haben, in diesem Buch lesen, weil sie nicht schlafen können, und ein heftiges Verlangen nach einem dicken Butterbrot haben, obwohl Sie gerade eins gegessen haben, dann ist Ihnen wahrscheinlich langweilig. Das Leiden, das ich eben beschrieben habe, ist nichts anderes als Langeweile.

Langeweile ist die Ursache vieler psychischer Probleme und körperlicher Beschwerden und zählt mittlerweile zu den gravierenden Gesundheitsproblemen. Gewöhnlich äußert sich Langeweile durch Symptome wie Kurzatmigkeit, Kopfschmerzen, einem übermäßigen Schlafbedürfnis, Hautausschläge, Schwindel, Menstruationsbeschwerden und sexuelle Probleme.

> Wenn man sich sicher fühlt, gedeiht auch die Langeweile. Sie ist geradezu ein Merkmal der Sorglosigkeit.
> *Eugène Ionesco*

Langeweile untergräbt jegliche Lebensfreude und nimmt einem jeglichen Sinn im Leben. Man sollte meinen, dass dafür vor allem die Müßiggänger und Arbeitslosen anfällig sind, Berufstätige sind aber genauso betroffen.

Auf Menschen, die ständig gelangweilt sind, trifft in der Regel Folgendes zu:
> Sie sehnen sich nach Sicherheit und Besitz.
> Sie reagieren empfindlich auf Kritik.
> Sie passen sich stets an.
> Sie machen sich ständig Sorgen.
> Sie haben kein Selbstvertrauen.
> Sie sind fantasielos.

Ob im Beruf oder im Privatleben – Langeweile schleicht sich gern bei denen ein, die das Risiko scheuen und immer den sicheren Weg wählen. Weil sie nichts riskieren, erreichen sie auch nichts und sind unzufrieden.

Menschen, die für anregende neue Dinge offen sind, werden selten von Langeweile befallen. Für kreative Menschen, die sich für alles Mögliche und Unmögliche interessieren, ist das Leben ungeheuer aufregend und unterhaltsam. Fragen Sie den Europäer, der hundertundeine Arten des Liebesspiels kennt, wenn er Ihnen zufällig über den Weg läuft.

Das Salz in der Suppe

Langweilige Menschen haben sich ihre Suppe selber eingebrockt. Leider muss jeder, der mit ihnen zu tun hat, diese fade Suppe mit auslöffeln. Wenn es zu den aufregendsten Dingen in Ihrem ganzen Leben gehört, dass Sie jemanden kennen, der bei einer Signierstunde von John Grisham dabei war, sind Sie möglicherweise ein wenig langweilig.

Wenn Sie ständig über sich selbst jammern und nur Belanglosigkeiten von sich geben, wirken Sie auf andere sicherlich nicht gerade interessant oder inspirierend.

Charismatische Menschen, die eine starke Ausstrahlung haben, werden nicht mit ihrem Charisma geboren. Eine besondere Ausstrahlung, die andere Menschen wie ein Magnet anzieht und auf sie überspringt, kann man erlernen. Man muss versuchen, eine innere Energie und Lebensfreude auszustrahlen, wenn man mit anderen Menschen zusammen ist. Charisma hat viel mit dem eigenen Selbstwertgefühl zu tun. Wenn Sie eine positive Lebenseinstellung haben und energievoll und freudig durchs Leben gehen, strahlen Sie das auch aus.

Wie man sich bettet, so langweilt man sich

Bis zu einem gewissen Maß kennt jeder Langeweile. Paradoxerweise sind es manchmal gerade die Dinge, hinter denen wir besonders her sind, die uns am Ende langweilen. Ein neuer Job wird mit der Zeit uninteressant, eine aufregende Beziehung verflacht, die Freizeit, die man herbeigesehnt hat, wird zum öden Einerlei.

Wenn wir uns langweilen, schieben wir die Schuld auf alles Mögliche: die Gesellschaft, die Freunde, die Verwandten, das miese Fernsehprogramm, den uninteressanten Wohnort, die schlechte Wirtschaftslage, den blöden Hund vom Nachbarn, das trübe Wetter. Die Schuld den äußeren Umständen anzulasten ist immer am einfachsten; auf diese Weise muss man nicht selbst die Verantwortung übernehmen.

Untersuchungen haben gezeigt, dass insbesondere folgende Faktoren zur Langeweile beitragen:
› Unerfüllte Erwartungen
› Eine eintönige Arbeit
› Mangel an körperlicher Bewegung
› Passivität

Wer ist schuld an der mangelnden Bewegung, an den unerfüllten Erwartungen, an dem öden Job, an der Passivität? Doch nur wir selbst. Wir haben zugelassen, dass sich diese Dinge eingestellt haben. Wir müssen unser Leben interessanter gestalten; andere Menschen oder die Umstände für unsere Langeweile verantwortlich zu machen hilft wenig oder gar nichts. Wir müssen unsere Probleme selbst lösen und aktiv werden. Wird die Langeweile schon im Keim erstickt, wird sie gar nicht erst zum Problem.

Wer unbeschwert und glücklich leben will, muss auf Langeweile verzichten. Das ist gar nicht so einfach.
Richard Bach

Von Dylan Thomas stammt der Ausspruch: »Irgendjemand langweilt mich. Ich glaube, das bin ich!« Wenn Sie jemals Langeweile befällt, denken Sie daran, wer sie verursacht hat. Ganz allein Sie selbst. Wer sich langweilt, ist selbst langweilig.

Die einfache Lebensregel

Menschen, die unter Langeweile leiden, scheuen das Risiko, weil es für sie am bequemsten ist. Wir alle neigen dazu, den bequemsten Weg zu gehen. Das Problem dabei ist, dass der bequeme Weg langfristig sehr unangenehm wird. Das lässt sich am besten mit Hilfe meiner »einfachen Lebensregel« erklären:

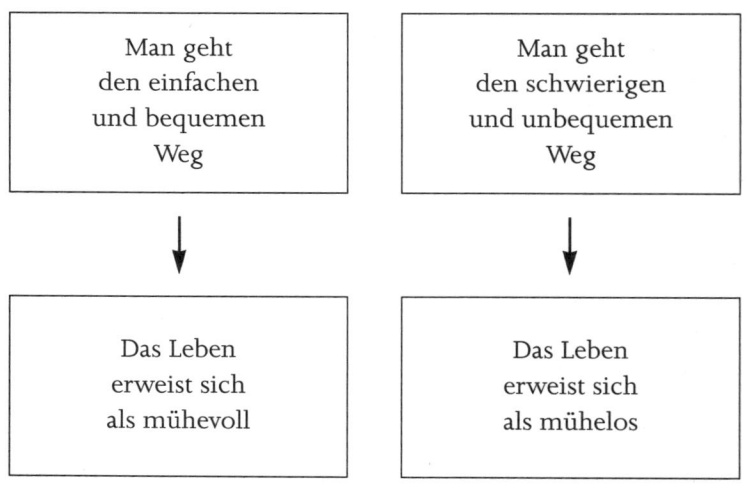

Diese »einfache Lebensregel« besagt, dass sich das Leben letztlich als schwierig und mühevoll erweist, wenn man den leichten und bequemen Weg nimmt. Geht man den schwierigen und unbequemen Weg, macht dies das Leben letztlich einfacher und müheloser. Nur zehn Prozent aller Menschen wählen diesen Weg, da man kurzfristige Unannehmlichkeiten in Kauf nehmen muss.

Aber die Bequemlichkeit hat schon manchen Erfolg verhindert, weil der einfache Weg aufs Abstellgleis führt.

Die »einfache Lebensregel« ist ebenso gültig wie das Gesetz der Schwerkraft. Haben Sie sich schon mal mit dem Gesetz der Schwerkraft angelegt? Wenn man vom Dach eines Gebäudes springt, macht man eine Bruchlandung. Dasselbe gilt für die »einfache Lebensregel«. Wenn man sich mit ihr anlegt und den einfachen Weg wählt, macht man ebenfalls eine Bruchlandung. Es ist immer das Gleiche.

Alles im Leben hat seinen Preis. Eine Freizeitgestaltung der besonderen Art erfordert gewisse Herausforderungen und die Überwindung der Bequemlichkeit. Sonst hat man letztlich das Nachsehen und ist mit sich und seinem Leben unzufrieden.

Die Tretmühle färbt ab

Wirklich glückliche Menschen gehen vollkommen in ihrer Tätigkeit und ihrem Lebensziel auf. Das kann der Beruf oder auch eine Freizeitbeschäftigung sein. Wer zum Beispiel seinen Beruf leidenschaftlich liebt, strahlt Lebensfreude aus. Die Arbeit ist für ihn da und nicht umgekehrt. Sie ist ein wichtiger Teil seiner Lebensaufgabe, für die er seine Fantasie und seine Begabungen einsetzt, um die Welt besser zu hinterlassen, als er sie vorgefunden hat.

Wenn die Arbeit aber zur langweiligen Routine geworden ist, sollte man über eine berufliche Veränderung nachdenken. Bleibt man in seinem langweiligen Job hängen, wird man letzten Endes selbst langweilig, blöde und monoton.

Es ist nicht ganz einfach, einen unbefriedigenden Job aufzugeben. Man ist vielleicht auf das Geld angewiesen und hat keine Zeit, sich nach einer anderen Stelle umzusehen. Doch wenn es irgendwie möglich ist, sollten Sie einen langweiligen Job auf der Stelle aufgeben. Wenn Sie zu viele Kompromisse machen, werden Sie auf die Dauer nur krank und unglücklich.

Auszeit zum Sonderpreis

Zwei oder drei Wochen Urlaub reichen zum Luftholen, aber nicht, um Überdruss und Überarbeitung vorzubeugen. Versuchen Sie zu vermeiden, in Ihrem Beruf einzurosten. Wenn Sie schon über drei Jahre praktisch immer das Gleiche tun, wird es höchste Zeit für eine berufliche Auszeit, die Sie frischer und ausgeruhter als ein normaler Urlaub wieder in den Berufsalltag zurückkehren lässt. Nach einem ausgiebigen Tapetenwechsel sieht die Welt gleich ganz anders aus.

In unserem hektischen Zeitalter sollte man sich wenigstens alle fünf bis zehn Jahre eine Auszeit gönnen. Eine Zeit, nach der Körper und Seele wie neugeboren sind und man wieder mit frischem Schwung an die Arbeit geht. Sechs Monate sind dabei das Minimum. Eine zwei- bis dreijährige Auszeit ermöglicht sogar eine Fortbildung, einen weiteren Abschluss oder sonstige Zusatzqualifikationen.

Um sich eine Auszeit leisten zu können, muss man nicht unbedingt wohlhabend sein. Obwohl ich im Lauf der Jahre keine großen Reichtümer angehäuft habe, musste ich nur die Hälfte meines Erwachsenenlebens arbeiten. Die andere Hälfte habe ich auf der Universität verbracht oder mir immer wieder Auszeiten gegönnt. Wer sich etwas einfallen lässt, wie er mit wenig auskommt, kann es sich leisten, längere Zeit nicht zu arbeiten. Der neue Schwung wird ihn dann hinterher zu finanziellen

Höhenflügen antreiben, die sonst gar nicht möglich gewesen wären.

Wie gut, dass es Probleme gibt!

Wer Problemen gerne aus dem Weg geht, fördert seine Langeweile. Kreative Menschen stürzen sich mit Wonne auf die schwierigsten Aufgaben, bieten sie doch Gelegenheit, sich daran zu messen und zu wachsen. Probleme sollten immer willkommen sein, weil es uns zufrieden macht, wenn es gelingt, sie zu bewältigen.

Bereiten Ihnen die täglichen Probleme auch Bauchschmerzen, besonders die großen? Dazu besteht nicht der geringste Grund, denn: je größer das Problem, umso größer die Herausforderung; je größer die Herausforderung, umso größer die Befriedigung, wenn sie gelöst ist.

> Es gibt kein Problem, das nicht auch ein Geschenk birgt. Wir suchen Probleme, weil wir diese Geschenke brauchen.
> *Richard Bach*

Wenn das nächste Mal ein großes Problem ansteht, sollten Sie auf Ihre Reaktion achten. Hebt sich Ihre Laune, weil Sie Ihr Selbstvertrauen und Ihre Kreativität auf die Probe stellen können? Oder sind Sie verzagt? Falls das der Fall ist, machen Sie sich bewusst, dass Sie so gut wie jeder andere in der Lage sind, kreativ zu sein und Probleme zu lösen, vielleicht sogar auf ganz neue Lösungen zu kommen.

Es ist schon viel zum Thema Problembewältigung gesagt und geschrieben worden. Hier noch ein paar Gesichtspunkte (die sie genau wie ihre Probleme gut oder schlecht oder idiotisch finden können, ganz wie Sie wollen):

Träumen Sie auch von einem völlig problemlosen Leben? Es wäre nicht lebenswert. Stellen Sie sich vor, Sie wären an eine

Maschine angeschlossen, die alle Probleme für sie löst. Es ist sehr unwahrscheinlich, dass Sie ein solches Leben reizvoll finden würden. Denken Sie daran, wenn Sie wieder einmal von einem problemlosen Leben träumen.

Wenn Sie ein Problem loswerden wollen, müssen Sie sich nur ein noch größeres Problem besorgen. Angenommen, Sie wissen nicht, was Sie mit dem Nachmittag anfangen sollen. Während Sie über dieses Problem nachdenken, taucht ein großer böser Grizzlybär auf und nimmt Sie ins Visier. Das kleine Problem löst sich angesichts des größeren Problems mit dem Grizzly in Luft auf. Wenn Sie also wieder ein Problem haben, suchen Sie sich einfach ein größeres; das kleinere verschwindet dann von selbst.

Hat man ein Problem gelöst, taucht damit oft ein neues auf. Zum Beispiel: jemand hat ein Problem damit, nicht verheiratet zu sein. Ist er dann verheiratet, kommt er in den Genuss von Eheproblemen. Oder: man hat zu wenig Kleidung. Kaum ist dieses Problem gelöst, ist der Schrank zu klein und man weiß nicht, was man anziehen soll.

Aber Spaß beiseite: Wirklich schwer wiegende Probleme, die mit schmerzlichen Erfahrungen und persönlichen Rückschlägen verbunden sind, können das ganze Leben verändern und kreative Prozesse in Gang setzen. Eine Scheidung oder der finanzielle Ruin in Las Vegas hat schon so manchen wachgerüttelt.

Kränkungen – wenn man zum Beispiel bei einer Beförderung übergangen worden ist – können das kreative Denken, das lange Zeit verschüttet war, wieder neu beleben. Viele behaupten sogar, dass die Kündigung das Beste war, was ihnen passieren konnte. Das kann ich aus eigener Erfahrung bestätigen. Mein großes Problem, dass man mich vor die Tür gesetzt hatte, hat mir schließlich geholfen, dahinter zu kommen, was ich wirklich mit meinem Leben anfangen will. Probleme rütteln wach und brechen eingefahrene Denkstrukturen auf.

Nur der Dumme fürchtet sich vor der Dummheit

Einerseits sind die Menschen wie wild hinter dem Erfolg her, haben dabei aber Angst vor Misserfolgen. Die Sehnsucht nach Erfolg und der Wunsch, einen Misserfolg zu vermeiden, widersprechen sich. Der Misserfolg ist ein notwendiger Schritt auf dem Weg zum Erfolg. Normalerweise stehen vor einem Erfolg viele Misserfolge. Der Weg zum Erfolg sieht ungefähr so aus:

Misserfolg Misserfolg Misserfolg Misserfolg **Erfolg**

Der Weg zum Erfolg ist geradezu mit Misserfolgen gepflastert. Trotzdem versuchen wir unter allen Umständen, einen Misserfolg zu vermeiden. Die Furcht vor Misserfolgen birgt noch andere Ängste: die Angst, als der Dumme dazustehen, die Angst vor Kritik, die Angst, das Gesicht und die finanzielle Sicherheit zu verlieren. Doch wer dem Misserfolg ausweicht, verpasst den Erfolg.

> Wer seine Erfolgsrate verdoppeln will, braucht nur seine Misserfolgsrate zu verdoppeln.
> *Tom Watson*

Wir scheuen das Risiko vor allem, weil wir um unser Image fürchten. Wir sind so versessen darauf, anderen zu gefallen, dass wir alles meiden, was uns in den Augen anderer herabsetzen könnte. Feigheit wird zur Norm. Und jegliche Kreativität und Lebendigkeit bleibt dabei auf der Strecke. Man muss lernen, auch einmal als der Dumme dastehen zu können, wenn man kreativ bleiben und das Leben beherzt leben will.

Wenn Sie sich vor der Meinung anderer fürchten, kann ich Sie beruhigen: Die meisten Leute haben so oder so etwas an Ihnen auszusetzen. Wenn man erfolgreich ist, wird man besonders scheel angesehen. Je erfolgreicher man ist, umso mehr Kritik muss man einstecken. Also – keine Angst vor dem Misserfolg. Die Leute ziehen sowieso am liebsten über andere her – ob man erfolgreich ist oder nicht. Lassen Sie sich also auf das Risiko ein. Dann stehen die Chancen gut, dass Sie nicht der Langeweile verfallen und eine große Wende in Ihrem Leben herbeiführen.

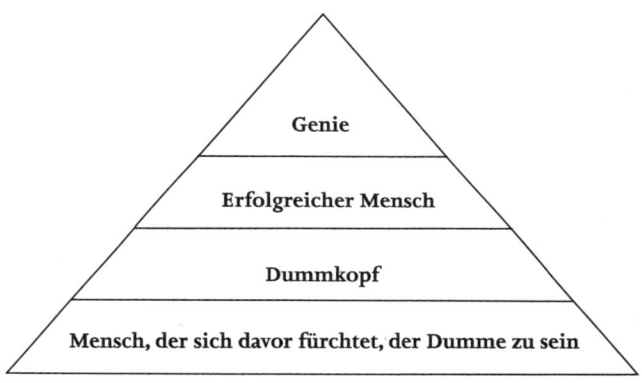

Diese Abbildung soll deutlich machen, dass jemand, der sich fürchtet, der Dumme zu sein, noch unterhalb des Dummkopfs selbst rangiert. Geniale und erfolgreiche Menschen haben im Beruf oder auch im Privatleben diese Angst in den Griff gekriegt, weil sie erkannt haben, dass der Weg zum Erfolg nur über das Risiko führt – das Risiko, immer wieder Misserfolge einzustecken und hin und wieder der Dumme zu sein.

Der Mut zum kleinen Unterschied

Wer seine Freizeit fantasievoll gestalten will, muss ungewöhnliche Wege im Denken und Handeln gehen. Nur so kann Neues und Wertvolles entstehen. Dazu braucht man Mut, denn wer aus der Menge herausragt, wird kritisch beäugt. Mit einer gesunden inneren Einstellung sollte einem das nichts ausmachen.

In der Welt etwas zu bewegen ist ein sicheres Mittel gegen Langeweile. Man kann allerdings nicht erwarten, etwas Großes zu bewegen, wenn man ständig mit der Menge konform geht. Haben Sie Mut zum kleinen Unterschied und scheren Sie sich nicht um die Meinung der anderen.

Albert Einstein, Thomas Edison, Mutter Theresa, Mahatma Gandhi und John F. Kennedy haben in dieser Welt etwas bewegt. Sie hatten eins gemeinsam: Sie waren anders als der Durchschnitt, sie benutzten nicht die ausgetretenen Pfade der Gesellschaft. Diese großartigen Persönlichkeiten waren alle keine angepassten Menschen.

Das Original ist immer besser als die Kopie. Es entgeht einem zu viel im Leben, wenn man immer nur versucht so zu sein wie die anderen. Das krankhafte Bedürfnis, sich ständig anzupassen und von allen geschätzt zu werden, macht das Leben eintönig, und man selbst wird auch entsetzlich fade.

Tun Sie etwas gegen die Langeweile! Setzen Sie Ihre kreativen Fähigkeiten ein und sorgen Sie selbst für Spannung!

Brandstifter

Schwing das Tanzbein!

Vor vielen Jahren nahm einmal ein junger Mann seinen ganzen Mut zusammen und forderte eine junge Dame zum Tanz auf. Nachdem sie eine Weile getanzt hatten, beschwerte sich die junge Dame, dass er ein miserabler Tänzer und im Übrigen ein Trampeltier sei.

Die meisten Menschen hätten nach einer solchen Abfuhr das Tanzen für immer an den Nagel gehängt und sich aufs Fernsehen oder Nichtstun beschränkt. Nicht aber unser Unglücksvogel: Er entwickelte eine Leidenschaft fürs Tanzen und tanzte noch viele Jahre. Er gab das Tanzen nicht auf, weil er selbstbewusst und motiviert war weiterzumachen. Er wurde einer der ganz großen Tänzer der Moderne. Als er im März 1991 starb, hinterließ er 500 Tanzschulen. Er war elf Jahre lang im Fernsehen zu sehen und brachte sehr vielen Menschen das Tanzen bei – einschließlich den Trampeltieren.

Es war der berühmte Tänzer Arthur Murray. Er wurde ein Meister seines Faches, weil er motiviert war und darauf vertraute, dass er dazulernen und sich weiterentwickeln konnte.

> Lernen heißt, das schon vorhandene Wissen zu entdecken. Handeln ist der Beweis für dieses Wissen.
> *Richard Bach*

Die Geschichte von Arthur Murray unterstreicht die Bedeutung der inneren Einstellung und der Motivation. Innere Einstellung und Motivation gehen Hand in Hand. Nur wer sich selbst motiviert, kann zum Ziel kommen. Schwingen Sie also das Tanzbein, und Ihre Freizeit wird ein Erfolg!

Ohne Fleiß kein Preis

Sie lesen dieses Buch, weil Sie dafür motiviert waren. Die Gründe dafür können ganz unterschiedlich sein: Sie haben sich gelangweilt und hatten nichts Besseres zu tun; Sie lesen gerne Bücher, die zum Nachdenken anregen; Sie sind ein Masochist und lesen gerne Bücher, die Sie nicht mögen; oder Sie brauchen Bücher, wie dieses hier, zum Einschlafen. Aus welchem Grund auch immer – Sie benötigten einen Anlass, um dieses Buch in die Hand zu nehmen und bis hierher zu lesen.

Durch Motivation wird ein Anlass oder ein Anreiz geschaffen. Ohne Motivation entsteht keine Aktivität, und – das versteht sich eigentlich von selbst – ohne ein Mindestmaß an Aktivität kann man nichts erreichen.

Die falsche Einstellung und der Mangel an Motivation sind zweifellos die größten Stolpersteine auf dem Weg zum Erfolg und zur Zufriedenheit. Obwohl Fertigkeiten und Kenntnisse natürlich wichtig sind, sind sie keine Garantie für Erfolg. Fertigkeiten und Kenntnisse machen dabei nur 15 Prozent aus. Die restlichen 85 Prozent beruhen auf Motivation und der richtigen Einstellung.

Laut David C. McClelland, der sich mit dem Thema Motivation und Leistung befasst, sind die »Macher« dieser Welt stark motiviert, etwas zu erreichen.

McClelland zufolge ist das deutlichste Anzeichen für eine ausgeprägte Leistungsmotivation die Neigung, sich freiwillig an die Lösung besonders schwieriger Probleme zu machen. Menschen mit einer großen Leistungsmotivation grübeln am liebsten über

Problemlösungen nach, wenn sie sich ausruhen und nichts anderes zu tun haben.

Der Unterschied zwischen leistungsstarken und leistungsschwachen Menschen liegt darin, dass leistungsstarke Menschen bewusst und aktiv nachdenken. Ihre Schaffenskraft basiert nicht nur auf physischer Aktivität, sondern auch auf ihrer Fähigkeit, nachzudenken, abzuwägen und ihren Gedanken freien Lauf zu lassen.

Erfolgreiche Menschen haben immer die Tat und das Ziel im Auge. Sie führen aus, was sie sich vorgenommen haben; und das ist der springende Punkt. Sie wissen, dass man nur etwas bewegen kann – im privaten oder beruflichen Bereich –, wenn man selbst etwas in Gang bringt, wenn man das Feuer schürt und sich nicht nur daran wärmt.

Von nichts kommt nichts

Menschen, die genügend Antrieb haben, ihr Leben befriedigend zu gestalten, sind in der Minderheit, trotzdem behaupten einige Psychologen, dass man immer motiviert ist. Was bedeutet das? Die Psychologen wollen damit sagen, dass alles, was wir tun, das Ergebnis irgendeines Motivs ist. Und manche Leute haben eben die Motivation, wenig oder gar nichts zu tun! Ich bezeichne das als negative Motivation, weil sie der Spielverderber im Leben ist, der uns den Sieg vermasselt.

Antriebslose, von Selbstzweifeln geplagte Menschen mit einer negativen Lebenseinstellung sind von Misserfolgen verfolgt und drehen sich im Kreis. Sie jammern nur, fangen alles Mögliche an und bringen nichts zu Ende. Sie machen immer wieder dieselben Fehler, nichts scheint zu gelingen. Leider sind sie sich ihrer Negativität meistens nicht bewusst.

Bequemlichkeit und mangelnde Risikobereitschaft setzen die Motivation herab und führen zur Untätigkeit. Und obwohl Angst durchaus im positiven Sinn motivieren kann, löst sie meistens nur negative Reaktionen aus, die nicht weiterhelfen.

Auch falsche Erwartungen sind negative Motivationen. Viele Menschen hängen beispielsweise ihren pubertären Wunschträumen nach, was vor allem bei unmotivierten Erwachsenen mit einem geringen Selbstbewusstsein häufig der Fall ist.

Diese Wunschträume können sehr unterschiedlich sein; hier nur eine kleine Auswahl: Wenn ich doch nur im Lotto gewinnen würde – dann wäre ich endlich glücklich. Wenn ich doch nur einen neuen aufregenden Partner finden würde – dann wäre mir endlich nicht mehr langweilig. Wenn ich doch nur einen interessanten, besser bezahlten Job finden würde – dann würde das Leben erst richtig losgehen. Menschen, die so denken, suchen den einfachen Weg zum Glück, den es so nicht gibt. Wer auf das große Los wartet, scheut die Mühe, das Leben selbst in die Hand zu nehmen.

Es gibt noch mehr Denkmuster, die signalisieren, dass es mit der eigenen Motivation nicht zum Besten steht: Wenn irgendeine der folgenden Aussagen auf Sie zutrifft, sind Sie negativ motiviert und werden in eine Sackgasse geraten:

> *Mein Leben ist voll von Hindernissen. Das größte bin ich selber.*
> *Jack Parr*

› Meine Probleme sind absolut ungewöhnlich. Keinem geht es so schlecht wie mir.
› Ich will von allen geliebt werden. Wenn ich auf Ablehnung stoße, zweifle ich an mir selbst.
› Ich habe ein Recht auf die Erfüllung meiner Wünsche und will keine Enttäuschungen erleben.
› Die Welt ist ungerecht, besonders zu mir.
› Niemand kann es mir recht machen.

- Ich bin, wie ich bin, und denke nicht daran, mich zu ändern.
- Meine Kindheit hat mich für immer geprägt, weil ich Rabeneltern hatte, die an allem schuld sind.
- Der Staat tut für den Otto-Normal-Verbraucher wie mich nicht genug.
- Ich bin benachteiligt, weil ich nicht genug Geld habe, nicht schön bin und nicht die richtigen Beziehungen habe.
- Ich bin ein netter Mensch, der zu allen freundlich ist. Warum sind nur alle so böse zu mir?

Wenn Sie regelmäßig solche Gedanken haben, sind Enttäuschungen so gut wie vorprogrammiert. Sie suchen, bewusst oder unbewusst, nach Entschuldigungen dafür, dass Sie Ihr Leben nicht selbst in die Hand nehmen, weil Ihnen der Antrieb fehlt.

Wer der Welt vorwirft, dass sie gemein ist, erreicht garantiert, dass sie immer gemein zu ihm bleiben wird. Auch wenn das Licht am Ende des Tunnels schon zu sehen ist, wird man meinen, dass es ein entgegenkommender Zug ist, und schließlich nicht mehr daran glauben, dass »nichts so schlecht ist, dass es nicht noch schlechter werden könnte«, wie ein norwegisches Sprichwort sagt.

Die folgende Übung soll die Dinge wieder ins rechte Licht rücken und zeigen, wer dafür verantwortlich ist, wenn es einem schlecht geht.

Übung 9

Nehmen Sie sich für die Beantwortung dieser Fragen ein bisschen Zeit:
1. Haben Sie sich fest vorgenommen, im Leben erfolgreich zu sein?
2. Möchten Sie zufrieden sein?

3. Woher soll Ihre Zufriedenheit kommen?
4. Wen machen Sie dafür verantwortlich, wenn Sie unzufrieden sind und das Leben nicht genießen?
5. Wem schreiben Sie es zu, wenn Sie erfolgreich und mit Ihrer Leistung zufrieden sind?
6. Falls die Zufriedenheit in Ihrem Leben ausbleibt – wer ist dafür verantwortlich?

Der Sinn der Übung ist, dass Ihnen noch einmal klar wird, dass Sie ganz allein für die Zufriedenheit in Ihrem Leben verantwortlich sind. Wer gerne anderen Menschen oder den Umständen die Schuld an seinem desolaten Seelenzustand in die Schuhe schiebt, liefert sich diesen anderen Menschen und den Umständen aus. Und glauben Sie ja nicht, dass sie besser klarkommen würden, wenn das Leben nur ein bisschen einfacher wäre! Das Leben ist, wie es ist, und nicht, wie es sein sollte. Von nichts kommt nichts, und ohne Motivation erreichen Sie nichts. Sie müssen sich schon in Bewegung setzen, wenn Sie etwas ändern wollen.

Jeder wünscht sich manchmal insgeheim, die Verantwortung an andere abgeben zu können. Leider sieht das Leben anders aus: Von allein läuft nichts.

Eine positive Einstellung fördert eine positive Motivation, und wenn man die einmal hat, ist man auf dem richtigen Weg.

Maslows Hierarchie

Im Lauf der Jahre sind verschiedene Motivationstheorien entwickelt worden. Die bekannteste ist vielleicht die von Abraham Maslow. Seine Theorie von der Hierarchie der menschlichen Bedürfnisse erklärt, was uns antreibt, unsere Lebenspläne zu verwirklichen.

Die Theorie von der Hierarchie der Bedürfnisse basiert auf drei Voraussetzungen:
1. Es gibt eine vorgegebene Rangordnung oder Hierarchie der Bedürfnisse, die das Verhalten bestimmt.
2. Die zentrale Voraussetzung ist, dass die höheren Bedürfnisse nicht entstehen, bevor die niedrigeren nicht hinreichend befriedigt sind.
3. Unbefriedigte Bedürfnisse motivieren.

Es gibt fünf Grundbedürfnisse, nach deren Befriedigung der Mensch strebt. Es sind in aufsteigender Reihenfolge:
> **Körperliche Bedürfnisse,** die sich auf die Funktionen des Körpers beziehen und das Bedürfnis nach Wasser, Nahrung, Schlaf, Sex und Luft einschließen.
> **Sicherheitsbedürfnisse**, die sich auf das Bedürfnis beziehen, Schaden abzuwehren und den Schutz vor Gefahren, Raub, Bedrohung und Unsicherheit einschließen.
> **Soziale Bedürfnisse,** die die Sehnsucht nach Liebe, Geselligkeit und Freundschaft widerspiegeln, vor allem den Wunsch, akzeptiert zu werden.
> **Das Bedürfnis nach Anerkennung**, das zwei Aspekte hat: Das Selbstwertgefühl und die Anerkennung durch andere.
> **Das Bedürfnis nach Selbstverwirklichung**, das sich im Wunsch nach kreativer Betätigung und der maximalen Ausschöpfung unseres Potenzials ausdrückt.

Alle diese Bedürfnisse sind nicht statisch, sie ändern sich ständig. Laut Maslow entstehen neue Bedürfnisse sobald die alten befriedigt sind, und das praktisch ein Leben lang. Wie erfreulich für die Werbung!

Die Selbstverwirklichung ist der beste Garant für ein inneres Gleichgewicht und Freude an der Freizeit. Aber selbst wenn

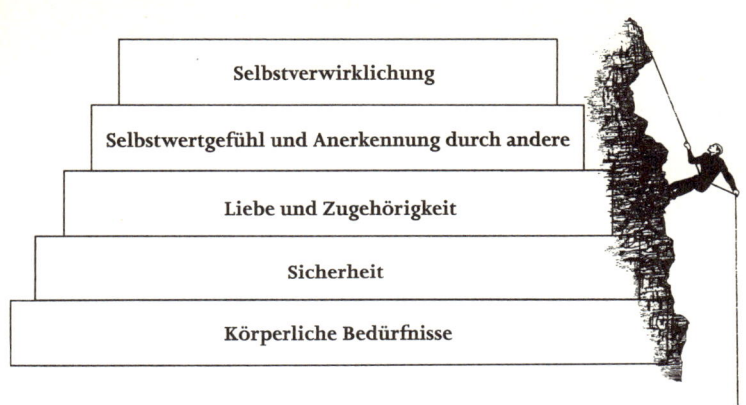

wir uns in höchstem Maße verwirklichen, können wir unsere Selbstverwirklichung nicht als abgeschlossen betrachten. Der Zustand vollkommener Zufriedenheit würde uns nämlich zu Tode langweilen (und wäre natürlich der Alptraum der gesamten Werbebranche). Ist die eine Sehnsucht gestillt, wartet schon die nächste.

Um unsere Bedürfnisse zu befriedigen, müssen wir sie erst einmal richtig kennen lernen. Das ist leichter gesagt als getan. Laut Maslow sind uns unsere Grundbedürfnisse nicht immer bewusst. Er vermutet, dass sie »im Allgemeinen eher im Unterbewusstsein liegen... obwohl man sie mit entsprechenden Verfahren und unter fachkundiger Anleitung bewusst machen kann.«

Das wahre Geheimnis des Erfolgs ist die Begeisterung.
Walter Chrysler

Unsere Bedürfnisse bleiben uns selbst vielleicht ein Rätsel, nicht aber unserer Umgebung, der wir sie durchaus signalisieren.

Dichtung und Wahrheit über Herzenswünsche

Wünsche kann man sich nur erfüllen, wenn man aktiv wird. Doch Vorsicht! Ziellose Geschäftigkeit ist keine befriedigende Freizeitgestaltung. Ob man das Leben lebenswerter machen kann, hängt davon ab, inwieweit man in der Lage ist, seine wahren Bedürfnisse zu erkennen und zu lernen, wie man sie am besten befriedigt. Für die folgende Übung müssen Sie nur eine schlichte Frage beantworten:

Übung 10

Was möchten Sie wirklich?

In seinem Buch ›Illusionen‹ schreibt Richard Bach: »Die einfachsten Fragen sind die mit dem größten Tiefgang.« Meine Frage ist eine einfache Frage mit Tiefgang, aber die Antwort ist gar nicht so einfach.

Die Entdeckung unserer ureigensten, unserer wahren Bedürfnisse gehört zu den schwierigsten Dingen im Leben. Meistens tappen wir nur deshalb im Dunkeln, weil wir uns nicht genügend Zeit nehmen, Klarheit zu schaffen. Stattdessen werden die persönlichen Wünsche und Erfolge entsprechend den Vorstellungen und Erwartungen anderer definiert. Gesellschaftliche Normen sind wichtiger geworden als die eigenen individuellen Bedürfnisse.

Ist das etwa Selbstverwirklichung?

Wir richten uns viel zu oft nach fremden Leitbildern: denen der Gesellschaft, der Werbung, der Familie, der Freunde, der Medien, der auf Profit bedachten Reiseveranstalter und so weiter und so weiter ... Alle wollen, dass wir irgendetwas wollen, so dass wir schon gar nicht mehr wissen, was wir selbst wollen.

Nach zehn Jahren Fernreisen in exotische Länder ist mir endlich klar geworden, dass ich einfach nur in meinem Garten Urlaub machen will.

Wünsche haben noch dazu die hässliche Angewohnheit, flatterhaft und unbeständig zu sein, was die Sache nicht einfacher macht. Wünsche werden von unerkannten Bedürfnissen geformt und von mysteriösen Kräften wieder umgeformt. Kaum ist ein Wunsch erfüllt, ist das Interesse daran schon wieder erloschen.

Nur die genaue Kenntnis der eigenen Bedürfnisse kann einen davor bewahren. Wie soll man auch ein Ziel erreichen, das man gar nicht kennt? Um ein bisschen Seelenforschung und Selbsterkenntnis kommen Sie also nicht herum, bevor Sie entscheiden dürfen, was Ihre wahren Bedürfnisse und Wünsche sind. Nur so kommen Sie auf Ihrem Weg zu einer befriedigenden Freizeitgestaltung voran.

Träume auf dem Prüfstand

Wir haben häufig einfach keinen Draht mehr zu unseren Lebensträumen. Wir haben das Kind in uns geopfert, das noch gewusst hat, was uns wirklich begeistert und uns Freude macht. Die eigenen Sehnsüchte und Wünsche sind in Vergessenheit geraten, weil uns das Leben gegen alle Reize abgestumpft hat.

Wer seine Träume schon so lange aufgegeben hat, dass er sie gar nicht mehr kennt, muss sich mit aller Kraft wieder auf sich selbst besinnen. Das kann man alleine bewerkstelligen – oder mit etwas Nachhilfe.

Was die Mutter oder der beste Freund oder die Werbung dazu meint, kann einem aber völlig egal sein. Schreiben Sie zunächst einmal Ihre Wünsche, oder was Sie für Ihre Wünsche halten, auf. Was man aufschreibt, sei es auf Papier, an einer Tafel oder am Computer, wird sichtbar und kann besser hinterfragt werden. Danach muss man sich über den Ursprung der Wünsche klar werden: Sind es wirklich die eigenen oder nur anerzogene und suggerierte Wünsche? Sollte sich herausstellen, dass alle Bedürfnisse fremdbestimmt sind, dürfen Sie nicht gleich die Suche nach Ihren wirklichen Bedürfnissen aufgeben. Sie vergeuden sonst den Rest Ihres Lebens damit, sich nach anderen zu richten, was ganz sicher nicht zu einem erfüllten und glücklichen Leben beiträgt.

Noch einmal: Schreiben Sie alle Wünsche, Bedürfnisse, Ziele auf; was Sie machen wollen, was Sie sein wollen. Dann kristallisiert sich allmählich heraus, was Sie wirklich reizt und anspornt.

Der Ideenbaum

Die Welt der Freizeit steckt voller Möglichkeiten. Abenteuer, Dinge, Menschen und Orte warten darauf, entdeckt zu werden – die ungeheure Vielfalt des Lebens bietet tausend Gelegenheiten, Freude und Befriedigung zu empfinden.

Bevor Sie nun an die Auswahl der Freizeitbeschäftigungen gehen, sollten Sie sich überlegen, was überhaupt infrage kommt und was Sie reizt. Damit Sie Ihr Gedächtnis nicht zu sehr strapazieren, ist es wichtig, alle Ideen aufzuschreiben, bevor Sie sich entscheiden.

Normalerweise fertigt man dazu eine Liste an. Listen haben aber den Nachteil, dass man die Fülle der Ideen nicht ausbreiten kann und sind deshalb für unseren Zweck nicht geeignet. Es gibt ein viel besseres Hilfsmittel, vor allem im Anfangsstadium eines Projekts, nämlich den »Ideenbaum« – ein Gedankengerüst, ein Schema, ein Speichendiagramm oder wie immer man es nennen möchte. Der Ideenbaum ist einfach, aber wirkungsvoll. Umso erstaunlicher, dass uns in der Schule nicht beigebracht wird, wie man ihn anwendet. Ich habe das erst von einem Kellner in einem Restaurant gelernt.

> Das Leben führt von Verlangen zu Verlangen und nicht von Lust zu Lust.
> Samuel Johnson

Einen Ideenbaum beginnt man in der Mitte einer Seite. Dort notiert man den Zweck, das Ziel oder das Thema des Ideenbaums. In meinem Ideenbaum steht in der Mitte »Möglichkeiten für meine Freizeitgestaltung«.

Der Ideenbaum

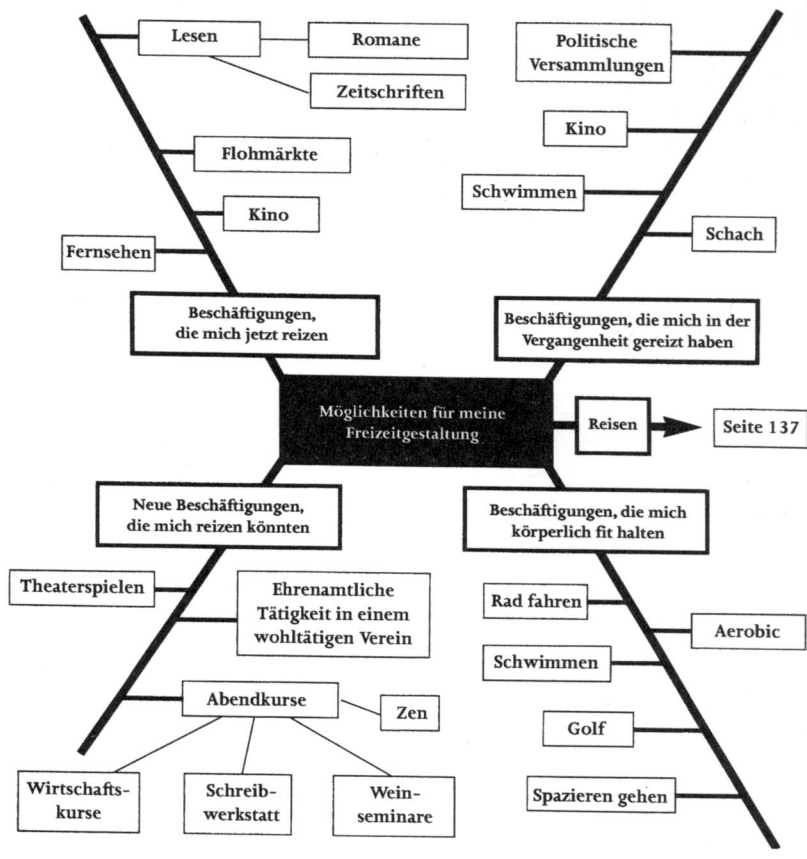

Wenn man das Thema oder das Ziel des Ideenbaumes aufgeschrieben hat, zieht man diagonale Linien von der Mitte bis zum Rand des Papiers. Auf diese Äste werden alle übergeordneten Ideen geschrieben, die für das Thema relevant sind.

Dabei sollten diese drei übergeordneten Ideen auf keinen Fall fehlen:
1. Freizeitbeschäftigungen, die Sie jetzt reizen
2. Freizeitbeschäftigungen, die Sie in der Vergangenheit gereizt haben
3. Neue Freizeitbeschäftigungen, die Sie reizen könnten

Von den Hauptästen lässt man dann untergeordnete Äste abzweigen, die die verschiedenen, zu den jeweiligen übergeordneten Ideen gehörenden Beschäftigungen darstellen. In meinem Baum sind »Theaterspielen«, »Ehrenamtliche Tätigkeit in einem wohltätigen Verein« und »Abendkurse« unter dem Punkt »Neue Beschäftigungen, die mich reizen könnten« angeordnet. Von den untergeordneten Ästen können wieder Linien abzweigen, die eine dritte Ebene darstellen. »Zen«, »Weinseminare«, »Schreibwerkstatt« und »Wirtschaftskurse« sind Beispiele für diese dritte Ebene, in der die Abendkurse näher bestimmt werden. Man könnte noch eine vierte Ebene hinzufügen, vielleicht »Marketing« und »Buchhaltung« (in der Abbildung nicht dargestellt), um die Wirtschaftskurse aufzufächern, die man belegen möchte.

Zeichnen Sie jetzt Ihren eigenen Ideenbaum und benutzen Sie die Abbildung als Anleitung. Von den oben genannten drei übergeordneten Ideen sollten mindestens 50 Ideen für Dinge abzweigen, die Sie bisher gern gemacht haben oder schon immer machen wollten. Schreiben Sie alles auf, was Ihnen einfällt, auch wenn es Ihnen noch so albern vorkommt. Hier wird jetzt nicht bewertet. Es müssen mindestens 50 Einträge werden, auch wenn es Sie ein paar Tage kostet, sie zu finden; 49 reichen nicht!

Der Baum kann noch durch weitere übergeordnete Ideen ergänzt werden, wenn man bestimmte Freizeitbereiche ausbauen will. Vielleicht sind Sie besonders daran interessiert, Ihre freie Zeit mit Fitnesssport oder Reisen auszufüllen. Dann können

Sie, wie in der Abbildung, die übergeordnete Idee »Beschäftigungen, die mich körperlich fit halten« auf einen und »Reisen« auf einen weiteren Hauptast schreiben. Beachten Sie bitte, dass der Ideenbaum bei Platzmangel auf ein zweites Blatt Papier ausgedehnt werden kann, wie in unserem Beispiel die Ideen zum Thema »Reisen«.

Es ist nicht verkehrt, wenn dieselbe Idee in mehreren Kategorien auftaucht. Das kann sogar ein Hinweis darauf sein, dass diese Freizeitbeschäftigung besonders wichtig ist. In meiner Abbildung erscheint beispielsweise »Schwimmen« unter »Beschäftigungen, die mich in der Vergangenheit gereizt haben« sowie unter »Beschäftigungen, die mich körperlich fit halten« und unter »Reisen«. Wäre das Ihr persönlicher Ideenbaum, sollten Sie das Schwimmen unbedingt als Erstes in Betracht ziehen, wenn Sie sich für eine Freizeitbeschäftigung entscheiden.

Hier noch einmal die Vorteile eines solchen Ideenbaumes: Erstens ist er kompakt; man kann auf einem Blatt Papier viel unterbringen, und der Baum kann bei Bedarf erweitert werden. Zweitens werden die Ideen in Kategorien gebündelt und lassen sich so besser ordnen. Darüber hinaus kann man neben den schon vorhandenen Ideen viele neue entwickeln. Ein weiterer Vorteil ist, dass der Ideenbaum auch mal eine Zeit lang liegen bleiben kann, bis einem wieder etwas Neues einfällt. Er kann regelmäßig auf den neusten Stand gebracht werden, dann hat man zum Schluss eine Riesenauswahl an Freizeitbeschäftigungen.

Es wird kein Wunsch in uns geweckt, wenn wir nicht gleichzeitig auch über die Kraft, ihn zu verwirklichen, verfügen. Aber anstrengen müssen wir uns schon selber.
Richard Bach

Erweiterter Ideenbaum

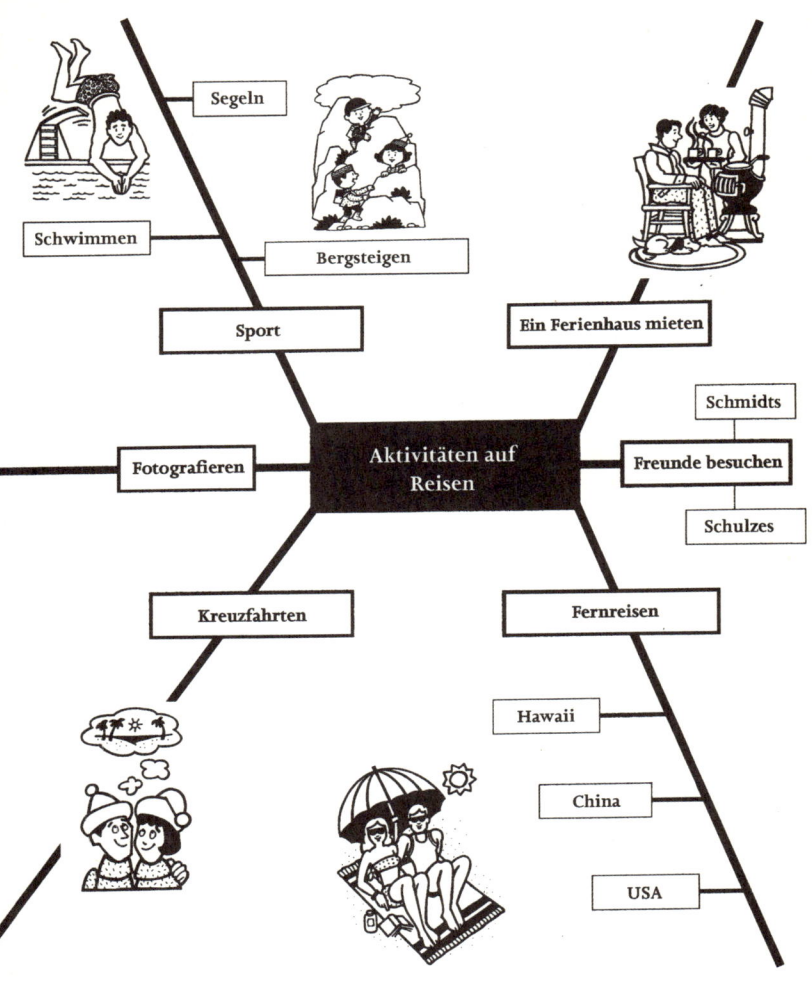

Ein Ideenbaum kann auch mit Farben und Bildern ausgeschmückt werden, was der Kreativität und dem Gedächtnis gleichermaßen förderlich ist. Die obige Abbildung zeigt einen solchen Ideenbaum für Fortgeschrittene. Sieht doch viel ansprechender und inspirierender aus als eine biedere Liste!

Haben Sie Ihren Ideenbaum auf fünf oder sechs Seiten ausgebreitet, ist es so weit: Jetzt dürfen Sie aus einer Vielzahl verschiedener Freizeitaktivitäten auswählen. Wenn Lebensfreude kein Fremdwort für Sie ist, sollten Sie so viel zu Papier gebracht haben, dass Sie fünf Leben lang damit beschäftigt sind. Wenn Sie nicht wenigstens genug für zwei Leben aufgeschrieben haben, dann haben Sie es sich entschieden zu leicht gemacht. Versuchen Sie es noch einmal! Wem zum Ideenbaum nichts mehr einfällt, schaut in der Liste auf den nächsten Seiten nach. Der Ideenbaum sollte so voll sein, dass Sie sich nie wieder über Unterbeschäftigung beklagen müssen.

Übung 11

Welche Freizeitbeschäftigungen die richtigen für Sie sind, ist Ihre persönliche Entscheidung. Vielleicht haben Sie die eine oder andere, der Sie früher einmal nachgegangen sind, übersehen oder im Laufe der Zeit vergessen. Ich habe über 150 Freizeitaktivitäten in einer Liste zusammengestellt, die Sie nach folgendem Prinzip durchgehen können:

1. Interessiert mich
2. Hat mich mal interessiert
3. Habe ich schon mal dran gedacht
4. Interessiert mich nicht

Die Beschäftigungen unter 1, 2, und 3 interessieren Sie und gehören an Ihren Ideenbaum. Dabei fallen Ihnen unter Umständen neue Ideen ein, mit denen Sie den Baum erweitern wollen. Im Handumdrehen haben Sie genug zusammen und sind für eine gute Weile beschäftigt. Vielleicht haben Sie dann so viel vor, dass sie nicht einmal dazu kommen, dieses Buch zu Ende zu lesen.

Ist der Ideenbaum fertig, heißt es aktiv werden und einige dieser Dinge in Angriff nehmen. Wenn man so viele Ideen gesammelt hat, dass man mehrere Leben damit ausfüllen könnte, muss man Prioritäten setzen. Man kann nicht alles auf einmal machen. Stellen Sie sich vor, Sie hätten nur noch eine begrenzte Zeit zu leben, dann fällt das Prioritätensetzen leichter.

Aktivitäten für den Ideenbaum

Ein Instrument spielen
Spazieren gehen
Joggen
Ehrenamtlich tätig sein
Kochen
Ein neues Rezept erfinden
Alte Freunde besuchen
Neue Freundschaften knüpfen
Wandern
Schlafen
Meditieren

Einen Ausflug machen
Nachzählen, ob diese Liste wirklich über 150 Punkte enthält
Reisen
Ins Kino gehen
Einen Film drehen
Den Umgang mit dem Computer erlernen
Ein Computerprogramm schreiben

Tennis spielen
Das Haus streichen
Golf spielen
Angeln
Barfuß durch einen Fluss waten
Zelten
Bergsteigen
Sich politisch betätigen
Fahrrad fahren
Motorrad fahren
Freunde einladen
Ein neues Spiel erfinden
In die Bücherei gehen
Den Familienstammbaum erstellen
Mit Kindern spielen
Umsonst arbeiten
Billard spielen
Zur Entspannung alleine tanzen
Tanzstunden nehmen
Ein altes Auto wieder flott machen
Ein Möbelstück restaurieren
Das Haus renovieren
Das Haus putzen
Freunde anrufen
Ein Buch schreiben
Tagebuch schreiben
Bildergeschichten erfinden
Eine Autobiographie schreiben
Ein Kleid nähen, einen Hut machen etc.
Ein ansprechendes Outfit für nur 50 Euro entwerfen
Damit beginnen zu sammeln
Sonnenbaden

Schwimmen
Sex haben
In die Kirche gehen
Tauchen
Schnorcheln
Den Pilotenschein machen
Fotografieren
Ein Fotoalbum anlegen
Herausfinden, was ein Rebus ist und selber zehn ausdenken
Herausfinden, was alles am Tag Ihrer Geburt geschah
Das Wohnzimmer umräumen
Einen Flohmarkt veranstalten
Theater spielen
Ein Theaterstück schreiben
Drachen steigen lassen
Einen Garten anlegen
Einen Rekord im Rückwärtslaufen aufstellen
Singen lernen
Reiten
Ein Gedicht auswendig lernen
Gedichte schreiben
Berühmte Zitate auswendig lernen
Einen Brief an einen Freund oder eine Freundin schreiben
Ein Lied auswendig lernen
Den Sternenhimmel betrachten
Einen Sonnenuntergang tief in sich aufnehmen
Den Mond anschauen
Sich mit fremden Religionen befassen
Ein Haus bauen
Ein unkonventionelles Haus entwerfen
Auswandern
Segeln

Hockey spielen
Ein Boot bauen
Interessante Gerichtsprozesse als Zuhörer verfolgen

Sich näher mit dem Börsengeschäft befassen
Einen Verein gründen
Einen Schaufensterbummel machen
Lernen, wie man ein Auto repariert
Testen, wie viele Fremde einen grüßen
Kleider kaufen
Leute beobachten
Rollschuh fahren
Karten spielen
Jemanden zum Candle-Light-Dinner einladen

An einem Rhetorikseminar teilnehmen
An einem Weinseminar teilnehmen
An der Universität einen Abschluss nachholen
Fallschirmspringen lernen
Sich über Gesundheit und Fitness informieren
Auf einer Plantage Obst pflücken
Sehenswürdigkeiten in der Umgebung besichtigen
Einem neuen Hobby nachgehen
Ein Palindrom erfinden (ein Palindrom ist ein Wort oder ein Satz, die vorwärts wie rückwärts gelesen Sinn ergeben, zum Beispiel Leben – Nebel)
Sich im Umweltschutz engagieren
Auf den Flohmarkt gehen
Ein Nickerchen machen
Beim Pferderennen zehn Euro verwetten
Die Wildnis durchstreifen
Kreuzworträtsel lösen
Eine Pension eröffnen
Einen Swimmingpool bauen

Tagträumen
Eine Sportveranstaltung besuchen
Einen alten Lieblingsort wieder aufsuchen
Eine Ballonfahrt machen
Ins Lieblingsrestaurant gehen
Ein neues Restaurant ausprobieren
Zur Massage gehen
Tennisstunden nehmen
Dem Hund neue Kunststücke beibringen
Ins Theater gehen
Ins Konzert gehen
In Klausur gehen und abschalten
Mit dem Lieblingsrezept an einem Wettbewerb teilnehmen
Ein neues Produkt erfinden
Mit dem Haustier spielen
Gedächtnistraining machen
Für ein politisches Amt kandidieren
In den Zoo gehen
Wein machen
Mehr Menschenkenntnis entwickeln
Abends den Tag noch einmal überdenken
Eine karitative Einrichtung gründen
Die eigenen Erfolge auflisten
Einem guten Freund einen Streich spielen
Sich beim Essen doppelt so viel Zeit lassen
Versuchen, gar nichts zu tun
Ein Museum besuchen
In einen Verein eintreten
Seilhüpfen
Am Strand liegen
Sich über die Solartechnik informieren
Ein Buch über die Freizeit schreiben

Selbsthypnose erlernen
Sich aus der Hand lesen lassen
Französisch, Spanisch usw. lernen
Sich um einen kranken Menschen kümmern
Ein Philosoph werden
Über die Politik schimpfen
Mich übertrumpfen und diese Liste auf 500 Aktivitäten erweitern

Übung 12

Stellen Sie sich vor, Sie hätten nur noch ein halbes Jahr zu leben. Wählen Sie aus Ihrem Ideenbaum das aus, womit Sie sich in diesen sechs Monaten unbedingt noch beschäftigen wollen.

Was Sie sich jetzt herausgesucht haben, bedeutet Ihnen am meisten – und Sie sollten sofort damit anfangen, morgen oder nächste Woche könnte es schon zu spät sein. Das Leben dauert nicht ewig, und man kann nie wissen, ob man überhaupt noch ein halbes Jahr Zeit hat. Konzentrieren Sie sich auf die Aktivitäten und Ziele, die Ihnen wirklich am Herzen liegen, dann wird das Gefühl der Begeisterung und Befriedigung nicht lange auf sich warten lassen.

Direkt ins Ziel

Wenn man auf der Mauer des auf Seite 145 abgebildeten Objekts im Uhrzeigersinn herumgeht, scheint es so, als ob man ständig nach oben geht:

Man hat das Gefühl, höher zu steigen, aber merkt bald, dass man immer wieder auf das Niveau des Ausgangspunktes zurückkommt. Alle Mühe ist vergeblich – der Aufstieg bleibt eine Illusion. Die ziellose Wanderung führt zu nichts und ist eine einzige Enttäuschung.

Das Gleiche gilt für alle Beschäftigungen ohne Ziele und Ideale. Viele Menschen glauben, dass ihre planlosen Aktivitäten ihnen eine Richtung im Leben geben. Auch wenn man noch so viel Energie in solche Pseudo-Ziele steckt – man erreicht nichts. Man muss natürlich aktiv werden, wenn man etwas erreichen will, aber höher hinauf kommt man nur, wenn man den Gipfel vor Augen hat. Wer ein neues und lohnendes Ziel erreichen will, muss dieses Ziel erst einmal kennen. Erst dann geht die Reise in die richtige Richtung.

> Was ein Genie auszeichnet, ist vor allem die Kraft, sein Feuer selbst zu schüren.
> *John Foster*

Eindeutige Ziele motivieren zum Handeln, sie machen kreativ und fantasievoll. Ein Ziel ergibt sich aber nicht von selbst, es will erarbeitet werden. Erst muss es festgelegt werden, dann sind Disziplin und Durchhaltevermögen gefragt, um es zu erreichen. Und damit nicht genug: Die Ziele müssen immer wieder überprüft und gegebenenfalls durch neue ersetzt werden. Dieser ganze Kraftakt ist vielen Menschen zu aufwändig, und sie verzichten überhaupt auf alle Ziele und Pläne.

Auch wenn Sie schon genau wissen, was Sie mit Ihrer Freizeit anfangen wollen, werden sich Ihre Neigungen und Vorlieben im Laufe der Zeit ändern. Manche Ziele werden erreicht sein, manche Beschäftigungen langweilig werden. Dann muss die Liste der Aktivitäten überprüft werden. Am besten sollte man das einmal pro Monat tun.

Es ist ganz allein Ihre Aufgabe, die Ihnen niemand abnehmen kann, zu erforschen, zu akzeptieren und sich zu dem zu entwickeln, was Ihre persönliche Bestimmung ist. Geben Sie sich dabei keinen Illusionen hin; alles, was das Leben lebenswert macht – Abenteuer, Gelassenheit, Liebe, seelische Erfüllung, Befriedigung, Glück – hat seinen Preis. Alles, was das Leben intensiviert, muss man sich mühsam erkämpfen.

Aber ist es nicht besser, einen Berg zu bezwingen als auf dem Hosenboden herunterzurutschen? Nur wenn man selbst aktiv wird und nicht passiv abwartet, nur wenn man selbst etwas bewegt und nicht nur einfach mitläuft, wird das Leben lebenswert.

Auf die Dauer hilft nur Power

Dynamische Untätigkeit

Viel freie Zeit zu haben heißt noch lange nicht, dass man damit auch etwas Vernünftiges anfangen kann. So wie der Besitz eines Autos noch lange keine Fahrtüchtigkeit garantiert. Im Laufe der Zeit sind die Vergnügungen der Stadtmenschen weitgehend passiv geworden: Videos angucken, Fußballspiele am Fernseher verfolgen, Radio hören. Früher hatte es durchaus einen Sinn, sich in der Freizeit auszuruhen: die meisten Menschen verrichteten schwere körperliche Arbeit. Das gilt heute im Allgemeinen nicht mehr, außerdem wird körperliche Arbeit heute von Maschinen erleichtert.

Wer in seiner Freizeit untätig ist, ist meistens nur zu träge und versucht, möglichst bequem über die Runden zu kommen. Sogar in den dreißiger Jahren, als es noch mehr körperliche Arbeit gab, war man in der Freizeit aktiver als heute. Die Menschen lasen, gingen ins Kino oder zum Tanzen. Wir sind ein Volk von Zuschauern geworden. Es wird zehnmal mehr ferngesehen, als aktiv einer Beschäftigung nachgegangen. Auch wer das Haus verlässt, ist nicht unbedingt aktiver. Untersuchungen haben ergeben, dass nach dem eigenen Zuhause und dem Arbeitsplatz die Einkaufszentren die beliebtesten Tummelplätze für die Freizeit sind.

> Handeln macht nicht immer glücklich, aber ohne Handeln gibt es kein Glück.
> *Benjamin Disraeli*

Was ist an der Passivität so schlimm? Der Wert der Freizeit hängt davon ab, ob man etwas erreicht, ob man sich selbst verwirklichen kann, und das ist nur mit einer Aufgabe und einem Ziel möglich. Passive Beschäftigungen verhelfen selten, wenn überhaupt, zu den seelischen Höhenflügen, die Langeweile vertreiben. Sie sind keine Herausforderung, verfolgen kein Ziel und sind meistens monoton und abgegriffen. Passivität birgt kein Risiko, man kann sich ihr unbesorgt hingeben, aber sie befriedigt auch nicht. Wenn passive Beschäftigungen nicht durch aktive ergänzt werden, ist die Freizeit nutzlos vergeudet. Passive Beschäftigungen sind beispielsweise Fernsehen, Geld ausgeben, Sportereignisse anschauen und Glücksspiele. Ich bin nicht grundsätzlich gegen jede passive Beschäftigung. Zur richtigen Zeit und am richtigen Ort haben sie durchaus ihre Berechtigung. Es gibt nichts Schöneres als gelegentlich ganz spontan die Seele baumeln zu lassen. Gegen Passivität ist nichts zu sagen, wenn sie nicht zum Dauerzustand wird und durch aktive Beschäftigungen ergänzt wird.

Aktivität ist der Schlüssel zu einem langen und glücklichen Leben. Geistig und körperlich aktiv zu sein, zum Beispiel zum Bowling zu gehen oder einen Roman zu schreiben, ist anregender und befriedigender als vor dem Fernseher zu sitzen. Sogar seinen Träumen nachzuhängen, zu meditieren, nachzudenken oder Luftschlösser

Ich wollte mich in meiner Freizeit schon immer künstlerisch betätigen. Wenn ich jetzt nur noch wüsste, ob ich meine rechte oder meine linke Hirnhälfte benutzen muss.

zu bauen ist aktiver. Analysen haben ergeben, dass Erwachsene, die in ihrer Freizeit aktiv sind, seelisch und körperlich gesünder bleiben. Zu den aktiven Beschäftigungen gehört zum Beispiel:

> Schreiben
> Lesen
> Körperliches Training
> Spazieren gehen
> Malen
> Musizieren
> An einem Seminar teilnehmen

Die Freizeit muss gehegt und gepflegt werden, dann lässt sie Raum für Spaß und Vergnügen, Entspannung, Erfüllung und Erfolg. Zufriedenheit im Leben stellt sich ein, wenn wir unsere Talente und Fähigkeiten auf die Probe stellen können. Beschäftigungen, die wenigstens einen Hauch von Risiko und Energie erfordern, sind befriedigender als allzu erprobte und ausgetretene Wege.

Der Sieg des Geistes über die Materie

Gesellschaftliche Normen können die Auswahl der persönlichen Aktivitäten empfindlich stören. Wer alt und träge werden will, braucht sich nur danach zu richten, was die Gesellschaft für typisch alt hält und was die Medien dazu sagen: Älter werden heißt dort, die aktiveren Beschäftigungen allmählich aufzugeben. Schon Fünfzig- bis Sechzigjährige sollten demnach kürzer treten, obwohl sie in diesem Alter noch sehr aktiv sein können. Umfragen haben ergeben, dass die meisten Leute davon ausgehen, im Ruhestand verstärkt passiven Beschäftigungen nachzugehen. Nur wenige wagen sich als Rentner noch einmal an neue aktive Beschäftigungen.

Das Ganze ist eine Frage, ob der Geist über die Materie siegen kann. Wenn man körperlich noch fit ist, kann das Alter keine Entschuldigung dafür sein, dass man die Hände in den Schoß legt. Damit kommen wir wieder zu unserem alten Thema: der richtigen Einstellung; sie allein entscheidet darüber, ob man in seiner Freizeit einen aktiven Lebensstil bevorzugt.

Fit wie ein Turnschuh

Für gesunde Menschen ist die Auswahl an Aktivitäten riesengroß. Doch Gesundheit ist leider nicht selbstverständlich. Durch regelmäßiges Training kann man allerdings viel dazu beitragen, dass sie einem (nebst einem akzeptablen Gewicht) erhalten bleibt. Das Ergebnis einer wissenschaftlichen Studie des Institute for Aerobics in Dallas zeigt, dass Menschen, die körperlich fit sind, länger leben. Schon ein mäßiges Training verbessert entschieden die Gesundheit. Im Vergleich zu Männern, die ausgesprochen fit waren, war das Risiko, frühzeitig zu sterben, bei Männern, die körperlich nicht besonders fit waren, dreimal so hoch. Bei den Frauen war es viermal so hoch.

Der ›Wellness Letter‹ der University of California berichtete 1992, dass 18 Prozent aller Einwohner von Montana und 52 Prozent im Bundesdistrikt Columbia eingeräumt hatten, monatelang keinen Sport mehr getrieben zu haben. Ich nehme es mir schon übel, wenn ich mich in meiner Freizeit zwei Tage lang nicht körperlich betätigt habe. Früher war ich allerdings der Meinung, dass man ungestraft wie ein Scheunendrescher essen kann, ohne sich körperlich fit zu halten. Von wegen! Als mir die

Er hat nichts Besonderes gemacht, aber das hat er richtig gut gemacht.
W.S. Gilbert

Post wegen meines Umfangs eine eigene Postleitzahl verpassen wollte, habe ich dann eingesehen, dass Futtern ohne körperliches Training mich eine neue Garderobe kosten würde, von solchen Nebensächlichkeiten wie Gesundheit und Wohlbefinden ganz zu schweigen.

Jeder kann sich durch regelmäßiges Training fit halten, aber wer macht das schon? Obwohl eindeutig belegt ist, dass Bewegung der Schlüssel zu einer guten Gesundheit, einem langen Leben und körperlicher Attraktivität ist, leiden in den USA mindestens 60 Prozent der Erwachsenen an Bewegungsmangel. Nur 22 Prozent erfüllen die Mindestanforderung von einer halben Stunde maßvoller körperlicher Aktivität mehrmals in der Woche.

Wenn man sich allerdings nur gelegentlich aufs Fahrrad schwingt und gemächlich in die Pedale tritt oder sich eine Viertelstunde beim Schaufensterbummel die Beine vertritt, wird man nicht fit. Eine Studie der Harvard University ergab 1995, dass nur intensive Bewegung, die über einen längeren Zeitraum durchgehalten wird, zum Erfolg führt. Körperliche Anstrengung und Ausdauer gehören also zusammen. Eine gewöhnliche Runde Golf kann man daher kaum als Krafttraining bezeichnen. Und eine halbe Stunde Gartenarbeit ist natürlich besser als gar nichts, aber fit wird man davon auch nicht.

Für optimale Fitness empfehlen Mediziner mindestens dreimal die Woche durchgehend 20 bis 60 Minuten intensive körperliche Bewegung. Was in Form bringt, ist zum Beispiel ein zügiger dreiviertelstündiger Marsch, und zwar mehrmals in der Woche. Fitness versprechen nur Aktivitäten, die Herz und Kreislauf in Schwung bringen. Eine halbe Stunde stramm marschieren, joggen, schwimmen, tanzen, wandern oder Rad fahren sollte das Minimum sein. Wenn man mindestens 20 Minuten lang geschwitzt hat, war das Training effektiv.

Menschen, die wenig oder gar keinen Sport treiben, haben stets eine Ausrede parat; die fünf beliebtesten Ausreden sind:

1. Zu wenig Zeit
2. Mangelnde Selbstdisziplin
3. Mir fällt nichts ein, was mir Spaß macht
4. Keiner macht mit
5. Ich kann mir die Ausrüstung nicht leisten

Das sind »tausend Ausreden und kein einziger vernünftiger Grund«, um mit Mark Twain zu reden. Ausreden sind für Leute da, die keine Verantwortung übernehmen wollen. Sehen wir uns die Ausreden einmal näher an:

Zeitmangel ist meistens eine Frage der falschen Zeiteinteilung. Das lässt sich beheben, indem man sich Zeit schafft. Wenn man sich einmal klar macht, wie viel Stunden man täglich vor dem Fernseher sitzt, dann ist das ein guter Anlass, sich stattdessen in dieser Zeit sportlich zu betätigen. Allerdings muss man dann wenigstens so diszipliniert sein und sich aus dem Sessel erheben. Die zweite Ausrede, mangelnde Selbstdisziplin, zeugt schlicht und einfach von Faulheit. Trägheit und Disziplinlosigkeit zu überwinden ist anstrengend und verlangt Übung, aber Sie müssen sich aufraffen, denn keiner kann Ihnen das abnehmen.

Große Geister haben Ziele, andere haben Wünsche.
Washington Irving

»Mir fällt nichts ein, was mir Spaß macht«, ist die dümmste Ausrede, die man sich denken kann. Setzen Sie, bitte schön, Ihre Fantasie in Gang. Es gibt tausend Möglichkeiten, sportlich aktiv zu werden. Wenn Ihnen nichts einfällt, was sie interessiert, heißt das nicht, dass alles langweilig ist; langweilig sind in dem Fall nur Sie selbst. Die Ausrede »keiner macht mit« ist genauso seicht. Es gibt genügend Dinge, die man allein machen kann. Falls nichts davon infrage kommt, weil Sie sich vor dem Alleinsein fürchten, hilft Ihnen vielleicht das Kapitel »Lieber allein als in schlechter Gesellschaft« weiter.

Wer die Ausrede »ich kann mir die Ausrüstung nicht leisten« gebraucht, ist offenbar etwas beschränkt. Auch wenn die Werbung das Gegenteil suggeriert – sportliche Betätigung muss nicht teuer sein. Es gibt alle möglichen Aktivitäten, die praktisch nichts kosten. Wer in einem relativ rauen Klima wohnt wie ich, überlegt, was er an kalten Tagen zu Hause machen kann. Das neueste Outfit ist nicht entscheidend, es sei denn, man möchte aus dem Joggen oder Ballspielen im Park eine Modenschau machen. Wer glaubt, dass er beim Joggen die neueste Mode tragen muss, um sich ein passendes Image zu geben, braucht eher ein Seminar zur Stärkung seines Selbstbewusstseins.

Wenn ich gewusst hätte, dass ich so lange lebe, hätte ich gesünder gelebt.

Es gibt noch mehr Ausreden, um nichts für seine Fitness tun zu müssen:
› Ich bin zu alt.
› Das Wetter ist zu schlecht.
› Ich bin 20 Jahre alt und habe es nicht nötig zu trainieren.
› Ich habe Angst vor Verletzungen.

Wenn Sie diese Ausreden benutzen, machen Sie sich selbst etwas vor. Sie wollen sich nur nicht eingestehen, dass Sie faul sind. Also: Vergessen Sie alle Ausreden! Legen Sie einfach los – und die Ausreden erledigen sich von selbst.

Wenn Sie sich für sportliche Betätigungen ein bisschen zu alt vorkommen, weil Sie schon die Vierzig oder Fünfzig überschritten haben, sollten Sie noch einmal gut nachdenken! Ich kenne jemanden, der an jedem Geburtstag die Anzahl der Kilometer läuft, die seinem Alter entspricht. Dieser Mann hat damit erst angefangen, als er bereits 52 Jahre alt war. Zu diesem Zeitpunkt war er übergewichtig und ein starker Raucher. Es ist also nie zu spät, um etwas für seine Fitness zu tun.

Berufstätigen fällt vielleicht die Ausrede ein, dass sie nach der Arbeit zu müde sind. Gewöhnlich handelt es sich aber um eine geistige Erschöpfung, der man am besten durch Bewegung beikommt. Die ersten zehn Minuten kosten Überwindung, die übrige Zeit ist dann fast ein Kinderspiel. Nach zehn oder zwanzig Minuten kann man tatsächlich so in Fahrt kommen, dass man gar nicht mehr aufhören möchte und viel länger trainiert als beabsichtigt.

Und das hat seinen Grund: bei sportlicher Betätigung schüttet der Körper Endorphine, die sogenannten Glückshormone aus. Die dadurch erzeugte Hochstimmung beseitigt das Gefühl der Erschöpfung. Überraschenderweise bekämpft körperliche Aktivität auch die Langweile, die einem zunächst jede Lust auf sportliche Betätigung genommen hat.

Wenn der Fernseher, das Sofa und der Kühlschrank schon die besten Freunde geworden sind, ist es höchste Zeit zu handeln. Verordnen Sie sich ein Fitnessprogramm, und halten Sie sich daran. Das Training hält gesund und bei Laune, was wiederum Lust auf noch mehr Aktivitäten macht. Gesunde Menschen tendieren zu einer aktiven Freizeitgestaltung, angeschlagene zu Passivität. Regelmäßiges Training und körperliche Fitness tragen zum seelischen Wohlbefinden bei, und die körperliche Leistungsfähigkeit bleibt wesentlich länger erhalten. Es geht also um alles oder nichts. Die sportliche Betätigung kann den Alterungsprozess zwar nicht aufhalten, aber sehr wohl verzögern. Das Wichtigste dabei ist, dass man sich einen Tritt gibt und einfach anfängt.

Dumme Frage, kluge Antwort

Ein Auto wird regelmäßig gewartet, ein Fahrrad regelmäßig gepflegt, ein Haus regelmäßig inspiziert. Viele Menschen lassen sogar regelmäßig ihren Körper durchchecken – aber die wenigsten ihren Grips.

Dabei wäre das genauso sinnvoll. Der Körper ist vielleicht fit, aber mit dem Verstand sieht es bei vielen Menschen traurig aus. Kritisches und kreatives Denken ist Mangelware. Was in unserer Gesellschaft als Denken durchgeht, ist meistens nichts weiter als das Wiederkäuen abgestandener Weisheiten, die die Medien oder andere Leute vorgegeben haben.

> Dreierlei ist schwer: eine Ungerechtigkeit ertragen; ein Geheimnis hüten; und der rechte Gebrauch der Muße.
> *Voltaire*

Ein Kind stellt viele dumme Fragen. Es ist noch neugierig, und die Welt erscheint ihm voller Wunder. Auch als Erwachsener können wir unseren Geist auf Trab halten, indem wir uns für neue, spannende Dinge interessieren und jeden Tag mindestens eine »dumme Frage« stellen. Es gibt so viele unerforschte Geheimnisse, über die man ein Leben lang nachgrübeln könnte. Wir wissen noch längst nicht alles (auch wenn das manchmal behauptet wird). In Wirklichkeit haben dumme Leute auf alles eine Antwort, während kluge Leute regelmäßig dumme Fragen stellen. Es gibt so viel Interessantes um uns herum, was unsere Neugier wecken kann, dass es keinen Grund gibt, den Verstand einrosten zu lassen. Wenn Ihnen im Moment nichts einfällt, worüber Sie nachdenken könnten – hier sind fünf Fragen zum Einstieg:

> Was ist ein anderes Wort für Thesaurus?
> Warum sind die Zehen vorne am Fuß und nicht hinten?
> Warum hält eine Kuh still, wenn der Bauer an ihre Milch will?
> Warum ist diese Frage an sich schon dämlich?

Auch Kurse, die an Universitäten oder Volkshochschulen angeboten werden, halten den Geist beweglich – und lohnen sich ungemein. Zum Beispiel ein Weinseminar: ein etwas ungewöhnliches Intelligenztraining, aber das reine Vergnügen. Man nippt an einem Glas Wein und wird dabei klüger.

Es hat viele weitere Vorteile, wenn man einen Kurs belegt:
> Das Selbstwertgefühl wächst.
> Man lernt neue Leute kennen.
> Man erweitert sein Wissen.
> Die geistige Beweglichkeit wird trainiert.
> Man bereitet sich auf die Rückkehr in den Beruf vor.
> Man bleibt auf dem Laufenden.

Ein kreativer Geist ist ein wacher Geist, und ein wacher Geist stellt viele Fragen. Nur aktives Fragen bringt uns weiter und eröffnet neue Horizonte. Es sollte normal sein, die eigenen Werte, Überzeugungen und Gewohnheiten immer wieder zu hinterfragen. Sokrates, ein großartiger Denker seiner Zeit, ermunterte seine Studenten, alles in Frage zu stellen, einschließlich seiner Lehren. Benutzen Sie bewusst Ihren Verstand, und lassen Sie ihn ebenso wenig einrosten wie Ihren Körper!

Reisen ohne Tourismus

Reisen, wenn es denn richtig betrieben wird, erweitert den Horizont und bringt frischen Wind ins Leben. Andere Menschen, andere Sitten, eine andere Umgebung und eine andere Lebensweise bereichern. Aber nur, wenn man aktiv reist. Es reicht nicht, wochenlang lustlos am Strand zu liegen, sich von der Sonne braten zu lassen und den anderen Urlaubern zuzusehen, wie sie sich ebenso langweilen.

Von Pauschalreisen, bei denen man von einem Ort zum anderen gekarrt wird und an einen festen Zeitplan gebunden ist, sollte man möglichst Abstand nehmen. Das ist passives Reisen. Reisen Sie lieber richtig, so wie mein Freund Jim. Er macht individuelle Reisen, bei denen er sich nicht von starren Reiseplänen abhängig macht. Er muss auf niemanden Rücksicht nehmen, kann Land und Leute kennen lernen und tun, was ihm gefällt. Es bleibt Raum für Spontaneität und Überraschungen, und der Urlaub ist wesentlich interessanter.

Eine Landpartie ist nicht gerade aufregend.

Diese aber doch. Das Land heißt Mexiko.

Davon abgesehen muss man nicht immer weit weg fahren. Erkunden Sie ruhig einmal Ihre eigene Umgebung etwas genauer. Jeder Ort hat seinen unverwechselbaren Charme, den die Bewohner häufig nicht wahrnehmen oder unterschätzen. Nehmen Sie sich Zeit, vielleicht schon Bekanntes neu zu entdecken. Möglicherweise finden Sie das Paradies sogar im eigenen Garten.

Wer gute Bücher nicht liest, steht nicht besser da als der, der sie nicht lesen kann.
Mark Twain

Lese- und Schreibschwäche unerwünscht

Zwei andere aktive Beschäftigungen können die Freizeit enorm bereichern: Lesen und Schreiben, auch wenn sie nicht besonders populär sind.

Ich will schnell erwachsen werden. Also mach ich es so wie alle Erwachsenen und lese nur noch ein Buch im Jahr.

Eine große Buchhandlung ist eine wahre Schatzkiste. Auch jede öffentliche Bücherei ist eine literarische Goldgrube. Lesen gehört zu den anregenden und erfreulichen Dingen im Leben, die man sich nicht entgehen lassen sollte. Manchen ist es vielleicht zu anstrengend, ein Buch zu lesen. Diesen Menschen möchte ich noch einmal meine »einfache Lebensregel« ans Herz legen (S. 114 f.): Je unbequemer der Weg, desto müheloser das Leben.

Lesen ist der schnellste Weg, Erkenntnisse und Wissen über die Welt zu sammeln. Die einfachste (und nebenbei bemerkt die billigste) Methode, um Zugang zu Weisheit und Wissen für den beruflichen und privaten Erfolg zu erhalten, ist die Lektüre der großen Philosophen.

Das Schreiben erfordert etwas mehr Anstrengung als das Lesen. Um einen Brief oder ein Buch zu schreiben, muss man sich erst einmal Gedanken machen, sie ordnen und dann zu Papier bringen. Briefe zu schreiben kommt leider immer mehr außer Mode, aber wer gerne welche bekommt, sollte auch welche schreiben, weil er dann selbst mehr erhalten wird. Einen Brief zu schreiben kann eine sehr befriedigende Angelegenheit sein, wenn man ein wenig Fantasie walten lässt; ein paar Zusätze, wie Zitate oder Zeichnungen, verleihen dem Brief einen besonderen Touch, und der Empfänger freut sich, dass er keinen Allerweltsbrief in den Händen hält.

Ein Buch zu schreiben ist schon schwieriger. Aber harte Nüsse sind zum Knacken da. Wollten Sie nicht auch schon immer mal ein Buch schreiben? Bitte – fangen Sie an. Was ich kann, können Sie auch. Am besten fangen Sie mit einer Viertelstunde täglich an. Dieses Buch ist auch so entstanden. Sogar dieses Minimum an Zeitaufwand führt schließlich zum Erfolg.

Wenn das Buch fertig ist und Sie damit zufrieden sind, verlegen Sie es ruhig selbst. Viele Bestseller wurden zunächst auf diese Weise veröffentlicht. Sie sollten den Erfolg Ihres Buches allerdings nicht daran messen, wie oft es sich verkauft. Wenn es auch nur einem anderen Menschen Freude macht, ist es ein Erfolg; alles was darüber hinausgeht, ist eine Zugabe.

Ich denke, dass nur Analphabeten und Faulpelze keinen Spaß am Lesen und Schreiben haben. Aber vielleicht liege ich falsch. Vielleicht gehören Sie gar nicht zu diesen Menschen und trotzdem können Sie dem Lesen und Schreiben nichts abgewinnen. Dann versuchen Sie es eben mit etwas anderem – es gibt genug Auswahl.

Es gibt nichts Gutes, außer man tut es

Die innere Einstellung und ein gewisser Enthusiasmus, das ist so weit hoffentlich klar geworden, bestimmen den Wert der Freizeit. Damit ist der richtige Ansatz gefunden, Erlebnisse und Situationen herbeizuführen, die das Leben bereichern und lebenswert machen. Ein handlungsorientierter Mensch überwindet die Trägheit, die uns häufig daran hindert, unsere Worte in die Tat umzusetzen. Auf diese Weise wird man kreativ und lebendig und kann letztlich Depressionen, Ängste und Stress verbannen.

> Mein Leben ist voll von Hindernissen. Das größte bin ich selber.
> *Jack Parr*

Es gibt zwei Haltungen, die man dem Leben gegenüber einnehmen kann: entweder man ist Teilnehmer oder Zuschauer. Der eine bringt die Dinge in Schwung, der andere steht daneben und sieht zu. Wenn man sich für die Rolle des Zuschauers entscheidet, wird das Leben allerdings plötzlich vorbei sein, und man wird sich fragen, ob man überhaupt etwas erlebt hat.

Körperliche und seelische Schlaffheit sind mit Sicherheit der Preis, den man bezahlt, wenn man die Freizeit, zum Beispiel durch endlosen Fernsehkonsum, teilnahmslos an sich vorüberziehen lässt. Wer ständig die Zeit totschlägt, befördert seinen eigenen Tod. Außerdem macht eine unausgewogene Freizeitgestaltung, bei der sich aktive und passive Beschäftigungen nicht die Waage halten, unzufrieden. Das beste Mittel gegen die Langeweile sind fesselnde Beschäftigungen, für die man sich begeistert, die ein wenig Energie erfordern und ein Ziel haben.

Bescheide dich und handle – und überlass das Reden den anderen.
Balthasar Gracian

Am besten ist es, wenn man sich für mehrere Dinge begeistert. Vielleicht sind Sie ein passionierter Bergsteiger, Fallschirmspringer, Reiter oder Münzsammler. Entscheidend ist dabei, wirklich Feuer und Flamme zu sein; nur so hat man die Energie, aktiv zu werden. Wenn Sie etwas mit Leidenschaft tun, strahlen Sie diese Energie automatisch aus und werden insgesamt ein interessanterer Mensch.

Übung 12

Nehmen Sie sich noch einmal ihren Ideenbaum oder Ihre Liste mit den Aktivitäten vor, die für Sie infrage kommen. Ordnen Sie diese Aktivitäten auf einer Begeisterungsskala von eins (praktisch kein Interesse) bis fünf (brennendes Interesse).

Jeden Eintrag, der vier oder fünf Punkte erreicht hat, sollten Sie besonders berücksichtigen. Alles andere fesselt Sie zu wenig, und Sie werden schnell die Lust daran verlieren.

Zu einer Beschäftigung, bei der die eigene Begeisterung der Motor ist, braucht man sich nicht zu zwingen. Man müsste sich höchstens zwingen, die Finger davon zu lassen. Begeisterung, Hingabe und Eifer motivieren automatisch zum Handeln. Ihre Lieblingsaktivitäten werden Ihnen eine große Zufriedenheit und Erfüllung bescheren, und Sie werden sich als Mensch zwangsläufig positiv weiterentwickeln.

Jetzt oder nie!

Carpe diem

Bei einer Umfrage des ›World Tennis Magazine‹ zum Thema Sex und Tennis gaben von 500 Befragten 54 Prozent an, beim Tennisspielen an Sex zu denken. Was soll man dazu sagen? Den Schlussfolgerungen sind keine Grenzen gesetzt: Möglicherweise finden die Leute Tennis langweilig. Oder sie haben einen überaus attraktiven Tennispartner. Auch eine Freud'sche Erklärung wäre nicht ganz abwegig: sie sind so auf Sex fixiert, dass sie an nichts anderes denken – sei es beim Tennisspielen, beim Essen, beim Nähen oder beim Reiten.

Meine Erklärungsversuche sollen nur verdeutlichen, wie schwer es diesen Tennisspielern fällt, im gegenwärtigen Moment zu leben, den Augenblick wahrzunehmen und ihn zu genießen. Die Zeitschrift hat sich zwar leider nicht danach erkundigt, aber ich könnte mir vorstellen, dass dieselben Leute ans Tennisspielen denken, wenn sie gerade Sex haben. Es wäre auch interessant zu ermitteln, wie viele Musiker während eines Konzerts an Sex denken.

> Irgendwann zwischen Sonnenaufgang und Sonnenuntergang gingen gestern zwei goldene Stunden verloren, jede mit sechzig kostbaren diamantenen Minuten besetzt. Eine Belohnung wird nicht ausgesetzt, denn sie sind für immer dahin.
> *Horace Mann*

Wie die Tennisspieler leben die meisten Menschen nicht im »Jetzt«, sondern im »Vorher« oder »Nachher«. Die kostbarsten Augenblicke im Leben gehen verloren, weil wir immerzu mit der Vergangenheit oder der Zukunft beschäftigt sind. Wir gehen wie Schlafwandler durchs Leben und achten kaum auf das, was um uns herum vorgeht. Wir sind die meiste Zeit »bewusstlos«, wie manche Philosophen behaupten. Wer zu den wenigen bewussten Menschen gehören will, sollte sich klar machen, dass jetzt – und nur jetzt – das Jetzt ist. Der gegenwärtige Augenblick ist das Einzige, was man tatsächlich erleben kann. In der Gegenwart zu leben bedeutet zu akzeptieren, dass man niemals vergangene oder künftige Momente erleben kann. Ob man es wahrhaben will oder nicht – mehr als das Jetzt gibt das Leben nicht her.

Der entscheidende Augenblick

In manchen Kulturen kann ein Augenblick einen ganzen Nachmittag lang dauern. Auch Anfang und Ende einer Freizeitbeschäftigung richten sich nicht nach der Uhr. Ein Gespräch muss nicht unbedingt auf eine viertel oder halbe Stunde begrenzt sein; es beginnt, wenn es beginnt, und endet, wenn es endet.

In der Gegenwart leben bedeutet, den Augenblick voll auszuschöpfen. Mein Freund Mij ist ein Meister in dieser Kunst. Mit 43 Jahren gab er seine Stellung als Universitätsprofessor auf, um sich nur noch seinem Seelenleben und seiner persönlichen Entwicklung zu widmen. Neugierig wie ich bin, wollte ich wissen, was er mit seiner vielen freien Zeit anfängt und was er für Zukunftspläne hat. Zu dieser Zeit war er schon seit zwei Jahren arbeitslos. Mij gab mir eine typische Zen-Antwort, die bewies, dass er nicht die geringsten Probleme mit seinem arbeitsfreien Leben hat. Er sagte, er widme sich dem Augenblick.

Sich dem Augenblick widmen – das ist wesentlich, wenn man seine Freizeit (und das Leben ganz allgemein) genießen will. Der

Wert der Freizeit hängt davon ab, ob man in der Lage ist, sich einer Tätigkeit vollkommen hinzugeben, denn nur so ist sie befriedigend. Das gilt immer, ob man Schach spielt, einen Fluss durchwatet oder einen Sonnenuntergang betrachtet. Man ist offen für alle Eindrücke und mit sich und der Welt zufrieden.

In der Gegenwart, im Augenblick zu leben ist auch ein Anliegen des Zen, einer fernöstlichen Lehre, deren Ziel die innere Erleuchtung ist. Die folgende Geschichte veranschaulicht, wie wichtig es ist, sich dem Moment hinzugeben:

Ein Zen-Jünger fragte einmal seinen Lehrer: »Meister, was ist Zen?« Der Meister antwortete: »Zen heißt, dass du den Boden scheuerst, wenn du den Boden scheuerst, dass du isst, wenn du isst, und schläfst, wenn du schläfst.« Der Jünger erwiderte: »Meister, das klingt recht einfach.« »Natürlich«, meinte der Meister, »aber es beherzigen nur wenige.«

Die Fähigkeit, sich auf den Augenblick und die anstehenden Aufgaben zu konzentrieren, ist ein wesentlicher Aspekt kreativer Prozesse.

Man muss sich vor allem angewöhnen, eins nach dem anderen zu machen und nicht zwei oder drei Dinge auf einmal. Wer körperlich arbeitet, sollte nicht gleichzeitig über etwas nachdenken, weil man sich sonst weder auf das eine noch das andere konzentrieren kann. Eine einmal gewählte Freizeitbeschäftigung sollte auch nicht gleich wieder abgebrochen werden. Entweder man macht eine Sache richtig oder gar nicht.

Kreative Menschen, die in ihren Projekten total aufgehen können, lassen sich von nichts ablenken. Ihr Geheimnis? Sie widmen sich dem Augenblick und kümmern sich nicht um das, was danach kommt.

Wer schon einmal von einer Sache gepackt und mitgerissen wurde, so dass der Alltag völlig in den Hintergrund trat, weiß, was es heißt, »im Moment zu leben«. In der Regel erlebt man in

solchen Augenblicken ein Gefühl großer Zufriedenheit. Darüber hinaus werden häufig folgende Empfindungen beobachtet:
› Freiheitsgefühle
› vollständiges Aufgehen in der momentanen Beschäftigung
› Abstand von sich selbst
› erhöhte Wahrnehmungsfähigkeit
› Verlust des Zeitgefühls
› erhöhte körperliche und seelische Sensibilität

Das Geheimnis einer geglückten Freizeitgestaltung liegt also darin, möglichst oft Beschäftigungen nachzugehen, in die man sich völlig vertiefen kann. Das kann heißen, dass man einen ganzen Nachmittag ohne ein bestimmtes Ziel in den Regalen einer Bücherei stöbert oder einen handgeschriebenen Brief verfasst, in dem man seinen Gedanken freien Lauf lässt. Wenn man sich dem Moment widmet, ist man von einer Tätigkeit so fasziniert und begeistert, dass man Zeit und Ort vergisst und nichts anderes mehr zählt.

> Es gibt nichts Kostbareres und Wertvolleres als die Zeit.
> *Französisches Sprichwort*

Eile mit Weile

> Wenn Sie nicht innerhalb von 5 Minuten bedient werden,
> werden Sie in 8 oder 9 Minuten bedient ...
> vielleicht auch in 12 Minuten
> Machen Sie es sich gemütlich!
>
> (auf der Speisekarte des Ritz Hotels in Edmonton)

Manche Menschen sind unentwegt in fieberhafter Eile, wissen aber weder warum noch wohin sie eigentlich wollen. Vielleicht haben sie es deshalb so eilig, weil sie eher ankommen und länger warten wollen?

Muss bei Ihnen auch immer alles ruck-zuck gehen? Wann haben Sie sich zuletzt Zeit für ein Gespräch mit Freunden genommen? Wann haben Sie Luft geholt und sich gefragt, warum Sie eigentlich so hetzen? Springen Sie etwa auch jedes Mal hastig zum Telefon? Sie können es ruhig etwas länger klingeln lassen, davon geht die Welt nicht unter.

Menschen, die unter chronischem Zeitmangel leiden, sind im wahrsten Sinne des Wortes nicht ganz gesund und sterben sogar auffallend oft an Herzkrankheiten. Charakteristische Symptome dieser »Keine-Zeit-Patienten« sind eine erhöhte Herzfrequenz, hoher Blutdruck, Magenbeschwerden und Muskelverspannungen. Ständiger Zeitdruck macht krank und kann zu frühzeitigem Tod führen.

Im Folgenden finden Sie ein paar Vorschläge, wie Sie das Tempo etwas drosseln und das Leben mehr genießen können:
› Beschäftigen Sie sich nicht so viel mit der Zukunft. Sorgen Sie sich nicht um das, was Sie noch alles machen müssen und ob Sie noch genug Zeit dafür haben. Wenn die Zeit reicht, werden Sie fertig, wenn die Zeit nicht mehr reicht, werden Sie eben morgen fertig.
› Trinken Sie Ihre Tasse Kaffee mit Bedacht und so genüsslich, als stünde die ganze Welt andächtig still, damit Ihnen der Kaffee schmeckt.
› Rasen Sie beim Autofahren nicht so. Gehen Sie vom Gas, auch wenn Sie's eilig haben.
› Reservieren Sie täglich ungefähr eine unverplante halbe Stunde für alles, was Ihnen spontan einfällt und wozu Sie sonst nicht kommen.
› Verbringen Sie jeden Tag eine Weile mit sich allein, und überlassen Sie das Telefon dem Anrufbeantworter.
› Betrachten Sie den Sonnenuntergang so lange, bis die Sonne ganz verschwunden ist.
› Unterhalten Sie sich ausgiebig mit Ihrem Nachbarn, ohne auf die Uhr zu schielen.
› Kosten Sie das morgendliche Duschen voll und ganz aus. Nehmen Sie sich so viel Zeit dafür, wie Sie benötigen.

In einer Kultur, die dem Materialismus, der Arbeitswut und der Geschwindigkeit huldigt, lautet der Schlachtruf: »Zeit ist Geld.« Zum Teufel mit der Zeit, die nach Geld und Gold bemessen wird! Bemessen wir sie lieber nach dem Glück, das sie uns bringt. »Zeit ist Glück« statt »Zeit ist Geld«: Unter diesem Motto ließe es sich weitaus angenehmer und gesünder leben.

Sorge dich nicht, lebe!

Die ständige Sorge um alles Mögliche, um Wichtiges und Unwichtiges, verdirbt uns die Freude am Augenblick. Die Sorgen haben so überhand genommen, dass immer mehr Menschen unter ernsthaften seelischen Störungen leiden.

Übung 13

Es gibt zwei Tage in der Woche, über die man sich keine Gedanken machen muss. Welche beiden Tage sind das?

Hier noch eine Geschichte aus der Lehre des Zen zum Thema sorgenvolles Denken:

Zwei Mönche, Eanzan und Tekido, gingen einmal auf einer schlammigen Straße entlang, als sie einer wunderschönen Frau begegneten, die die Straße nicht überqueren konnte, ohne sich die seidenen Schuhe schmutzig zu machen. Wortlos trug Eanzan die Frau auf die andere Straßenseite und setzte sie dort ab. Die beiden Mönche setzten schweigend ihren Weg fort. Als sie am Abend ihr Ziel erreicht hatten, sagte Tekido: »Du weißt doch, dass Mönche den Kontakt mit Frauen meiden sollen. Warum hast du diese Frau heute Morgen über die Straße getragen?« »Ich habe sie am Straßenrand wieder abgesetzt« antwortete Eanzan, »warum trägst du sie immer noch mit dir herum?«

Diese Geschichte illustriert die Zen-Weisheit, dass man die Last vergangener Probleme abwerfen muss und nicht mit durchs Leben schleppen darf. Unsere Sorgen überschatten unser gesamtes Denken, und wir sind schon so an unsere Sorgen gewöhnt, dass wir uns Sorgen machen, wenn wir mal keine haben.

Wer eigentlich zu den chronischen Sorgenkrämern gehört, im Moment aber keinen Anlass hat, sich Sorgen zu machen, möge sich aus der folgenden Liste bedienen. Ich habe sie einmal zusammengestellt, als ich den hübschen Einfall hatte, in meinem Lieblingscafé Vorträge über Zwangsvorstellungen zu organisieren. Wie bei allen meinen wirklich phänomenalen Ideen hielt sich die Begeisterung für diesen Vorschlag allerdings in Grenzen.

> Ich bin ein alter Mann, und keine Sorge ist mir fremd, aber das meiste, worum ich mich gesorgt habe, ist überhaupt nicht eingetreten.
> Mark Twain

Worüber man sich Sorgen machen könnte:

- Was wird aus dieser Welt, wenn ich zu viel Motivation entwickle?
- Wer klaut dauernd meine Socken?
- Was soll ich anziehen, wenn ich im Fernsehen einmal als Gast in einer Talkshow auftrete?
- Wer hat Socken erfunden?
- Werde ich als anderer Mensch wiedergeboren?
- Wieso kennen mich alle diese seltsamen Leute in dem Café?
- Hat Nachbars Katze Funktionsstörungen?
- Warum hat Celine Dion nicht mich geheiratet?
- Welches Auto soll ich mir kaufen, wenn ich im Lotto gewinne?
- Warum bin ich der einzige Kunde in diesem Bistro?
- Wie viele Bilderrätsel gibt es?
- Bin ich ein Überflieger und vergeude meine Zeit, egal was ich tue?

> Mögen Legastheniker Palindrome?
> Ist es mein Lebenszweck, dass ich für andere ein abschreckendes Beispiel bin?
> Wer ist die hübsche Blondine da drüben?
> Stehe ich wirklich auf blond?
> Wenn ich eine Blondine heirate, werde ich dann am Ende brünette Frauen bevorzugen?
> Warum haben die Autos keinen Spritzschutz an den Kotflügeln mehr?
> Muss ein Perfektionist wie ich einen Paradigmenwechsel vollziehen?
> Bin ich etwa der Einzige, der noch keinen Paradigmenwechsel hinter sich hat?
> Wird jemand diese Liste klauen und sie an anderer Stelle gewinnbringend ausschlachten?
> Komme ich wegen dieser Liste hinter Gitter?

Angst, Furcht und Schuldgefühle sind die Folge, wenn man sich bei der Arbeit oder bei anderen Beschäftigungen ständig mit Sorgen belastet. Wie oft quält man sich mit dem, was gestern war und was morgen sein wird! Und damit sind wir schon bei der Antwort auf Übung 13: Die beiden Tage, um die man sich keine Gedanken machen sollte, sind gestern und morgen.

Und wie sieht es bei Ihnen aus? Sorgen Sie sich auch um alles und jedes und verpassen über all dem das Heute?

Können Sie sich auf das Hier und Jetzt konzentrieren? Die ständige Befürchtung, dass man etwas verlieren, versagen oder Fehler machen könnte, macht verkrampft und ängstlich. Stress, Kopfweh, Panikattacken, Magengeschwüre und andere Leiden sind häufig die Folge. Die meisten Sorgen sind selbst gestrickt und überflüssig. Die folgende Statistik gibt Ihnen vielleicht zu denken:

Überflüssige Sorgen

40 Prozent aller Sorgen drehen sich um Ereignisse, die nie eintreffen.
30 Prozent aller Sorgen drehen sich um Ereignisse, die schon längst Vergangenheit sind.
22 Prozent aller Sorgen drehen sich um triviale Dinge.
4 Prozent aller Sorgen drehen sich um Dinge, die nicht zu ändern sind.
4 Prozent aller Sorgen drehen sich um Dinge, die man ändern könnte.

96 Prozent aller Sorgen beziehen sich also auf Dinge, auf die wir keinen Einfluss haben und sind damit reine Zeitverschwendung. Noch viel überflüssiger ist es aber, sich Sorgen über Dinge zu machen, auf die man Einfluss hat, gerade weil man etwas tun kann. Langer Rede kurzer Sinn: 100 Prozent aller Sorgen sind überflüssig.

Halten Sie sich als kreativer Mensch lieber an Murphys Gesetz, demzufolge sowieso »schief geht, was schief gehen kann«. Hindernisse sind im Leben so sicher wie das Amen in der Kirche. Auch der kreativste Mensch kann sie nicht alle beiseite räumen. Es werden immer wieder neue Stolpersteine auftauchen, aber einfallsreiche Menschen lassen sich davon nicht abschrecken und überwinden sie auf die eine oder andere Weise praktisch alle. Wenn ein Hindernis auftaucht, versuchen sie es zu überwinden: geht das nicht, krabbeln sie eben unten durch. Wenn das nicht klappt, gehen sie außen herum oder

> Die Welt kann man nur steuern, wenn man ihr ihren Lauf lässt, nicht, indem man ihren Gang stört.
> *Laotse*

probieren, durch die Mitte hindurchzubrechen. Dank dieser vielfältigen Aus- und Umwege brauchen Sie sich keinerlei Sorgen über Hindernisse zu machen. Ist momentan keins in Sicht, gut. Wenn doch, auch gut, denn nun wartet eine neue Herausforderung, der man sich stellen kann.

Die ewige Sorgenkrämerei kostet enorm viel – wenn nicht gar alle – Energie, die besser für die Lösung der Probleme eingesetzt werden sollte. Es kommt, wie es kommt. Nach diesem Motto lebt es sich leichter, und die Sorgen erledigen sich fast von selbst.

Treibgut

Manche Leute möchten ständig alles unter Kontrolle haben. Sonst werden sie nervös und fühlen sich hilflos. Aber dieses Bedürfnis nach Kontrolle kann sich negativ auswirken. Gerade das Loslassenkönnen ist wichtig, wenn man ein kreativer, flexibler und wacher Mensch sein will. Was natürlich allen gängigen Vorstellungen widerspricht.

Es ist viel einfacher, ein Pferd in die Richtung zu lenken, die es sich selbst in den Kopf gesetzt hat. Entsprechend einfach gestaltet sich das Leben, wenn man auch der Welt ihren freien Lauf lässt und nicht immer bestimmen will, wohin die Reise geht. Wie wichtig das ist, zeigt der folgende Vergleich:

Stellen Sie sich vor, Sie treiben auf einem Floß einen schäumenden und gefährlichen Strom hinunter. Das Floß kentert, und Sie fallen ins reißende Wasser. Es bleiben Ihnen nun zwei Möglichkeiten: Entweder Sie versuchen zu kämpfen und gegen den Strom zu schwimmen – dann laufen Sie Gefahr, an einen Felsen geschleudert zu werden und sich zu verletzen. Oder Sie geben jeglichen Widerstand auf – und haben in diesem Moment die Sache unter Kontrolle: Sie treiben mit dem Strom, und das Wasser prallt nicht gegen die Felsen, sondern sucht sich seinen Weg außen herum.

Das Leben ist ein wilder Fluss. Um es ohne allzu große Blessuren zu überstehen, müssen wir lernen, mit dem Strom zu schwimmen, das heißt, darauf verzichten, alles im Griff haben zu wollen und alles überschauen zu können. Man muss nicht immer wissen, wie eine Sache ausgeht. Das Schicksal hat man am besten im Griff, wenn man es nicht kontrollieren will und sich keine Sorgen darüber macht, wohin wohl alles führen wird. Es spielen ohnehin so viele unvorhersehbare Faktoren mit, die auch die ausgefeiltesten Pläne zunichte machen können.

> Hat man einen Elefanten am Hinterbein erwischt, und er will sich losreißen, dann lässt man ihn am besten laufen.
> *Abraham Lincoln*

Ein kreativer und wacher Geist sperrt sich nicht, sondern folgt der Strömung, weil er weiß, wie wichtig jeder Augenblick des Lebens ist.

Spontan ohne Plan

Spontaneität und die Fähigkeit, den Augenblick zu genießen, ist den meisten Erwachsenen abhanden gekommen. Mark Twain sprach wohl über seinen Mangel an Spontaneität, als er einmal sagte: »Ich brauche immer gut drei Wochen, bis ich eine vernünftige Rede aus dem Stegreif vorbereitet habe.«

Der bekannte Psychologe Abraham Maslow behauptet, dass mit zunehmendem Alter die Spontaneität abnimmt: »Fast jedes Kind kann ein Lied, einen Tanz, ein Bild oder ein Spiel aus dem Bauch heraus erfinden, ohne lange zu überlegen.« Laut Maslow verliert sich diese Fähigkeit im Laufe der Zeit. Nur eine kleine

Eigentlich hatte ich heute für drei Uhr was Spontanes eingeplant, aber ich ersticke in Arbeit. Ich muss das wohl auf morgen verlegen.

Minderheit behält sie oder findet sie später wieder. Es sind die Menschen, die sich selbst verwirklichen. Wer im siebten Kapitel (→ S. 127 ff.) nachschlägt, kann dort lesen, dass man ein inneres Gleichgewicht erreicht, wenn man sich selbst verwirklicht. Maslow nennt das den Zustand vollkommenen Menschseins. Er stellte fest, dass Menschen, die sich selbst verwirklichen, spontan und äußerst kreativ sind.

Spontaneität ist nur ein anderes Wort für ein lebendiges und unverkrampftes Handeln, in dem echte Gefühle ihren Ausdruck finden. Spontane Menschen können verspielt und unvernünftig sein wie Kinder. Sie können plötzlich ihre Pläne über den Haufen werfen, wenn es der Augenblick verlangt. Und haben, wie ein Kind, keine Probleme mit Reden aus dem Stegreif.

Und wie spontan sind Sie selbst? Klammern Sie sich an Ihren Tagesplan und gehorchen immer derselben Routine? Blasen Sie manchmal eine Sache ab und machen etwas ganz anderes? Ich stelle immer wieder fest, dass überraschende und interessante Dinge passieren, wenn ich etwas Spontanes tue.

Beobachten Sie Kinder und nehmen Sie sich ein Beispiel an ihnen. Stellen Sie Ihre Pläne auf den Kopf, probieren Sie etwas Neues aus, wenn es Ihnen gerade in den Sinn kommt.

Machen Sie jeden Tag etwas, das Sie sich nicht vorgenommen haben. Das kann eine Kleinigkeit sein, vielleicht machen Sie einen Umweg, den Sie noch nicht kennen, probieren ein neues Restaurant aus oder gönnen sich ein unbekanntes Vergnügen. Die Freizeit wird dadurch farbiger und interessanter.

Jeden Morgen geht die Sonne auf ...

Vor kurzem sah ich morgens eine ziemlich abgerissene Gestalt aus einem schäbigen Vorstadthotel treten. Der Mann war alleine und hatte mich nicht gesehen. Gut gelaunt begrüßte er den neuen Tag: »Guten Morgen, du schöne Welt«, und das strahlende Wetter entlockte ihm ein »Herrlich! Einfach herrlich!«

Der Mann imponierte mir. Er hatte ganz offensichtlich nicht an den materiellen Segnungen unserer Gesellschaft teil und war doch glücklich und freute sich wie ein Schneekönig seines Lebens.

Abraham Lincoln hat einmal gesagt, dass die Menschen so glücklich sind, wie sie sich fühlen. Ich denke, die ärmliche Gestalt, die mir an jenem Morgen begegnet ist, hätte nicht widersprochen. Also bitte: Man ist so glücklich, wie man sein möchte! Seit Jahrhunderten predigen große Denker und religiöse Führer der unterschiedlichsten Glaubensrichtungen im Grunde dasselbe. Aber auch wenn die Spatzen es von den Dächern pfeifen würden, stieße es bei den meisten Menschen auf taube Ohren. Das Glück liegt in einem selbst und ist nicht irgendwo außerhalb zu finden.

Glück und Freude haben etwas mit der Gegenwart, mit dem Augenblick zu tun. Das Glück selbst kann kein Lebensziel sein, es ist nur ein Nebenprodukt, wenn man ein Ziel erreicht hat.

Auch das Ziel, im Leben möglichst viel Spaß zu haben, ist unbefriedigend. Ins Vergnügen stürzt man sich häufig, weil man Mühe und Anstrengung vermeiden will. Dabei kann Vergnügen am laufenden Band unsäglich langweilig werden. Wenn das Leben nur aus Spaß und Vergnügen bestehen würde, gäbe es ja kein Glück. Glück hat etwas damit zu tun, sich bei einer Sache zu engagieren. Das gilt für den beruflichen und den privaten Bereich. Es bedeutet, völlig in einer Aufgabe aufzugehen, eins nach dem anderen zu tun und es jeweils vollends zu genießen.

Wie heißt es doch im Zen? Wenn du nicht etwas dort findest, wo du stehst, wirst du es auch nicht finden, wenn du woanders suchst. Die großen fernöstlichen Denker haben es schon immer gewusst: »Das Glück ist der Weg«, mit anderen Worten, das Glück ist kein Ziel. Man kann es nicht suchen, man muss es sich schaffen. Dem Glück braucht man nicht hinterherzulaufen, es kommt einem entgegen.

Humor ist eine todernste Sache

Die Fähigkeit zu lachen ist eine gute Voraussetzung dafür, das Leben voll auszuschöpfen. Die meisten Menschen halten sich für humorvoll, aber leider merkt man nicht viel davon. Es ist nicht zu fassen, wie verbissen manche Leute durchs Leben rennen.

Lachen ist nicht nur gesund, der Humor fördert auch die Kreativität. Man kann beobachten, dass sich verblüffende Lösungen oft aus einem humorvollen Gedanken oder einer spaßhaften Bemerkung entwickeln. Verbissenheit hemmt den kreativen Prozess. Gestressten Menschen, die unter einem großen Druck stehen, kann ich wärmstens empfehlen, sich eine Witzesammlung zu besorgen. Auch eine ausgelassene Runde netter Menschen wirkt Wunder und lässt die kreativen Ideen nur so sprudeln.

Der richtige Zeitpunkt zum Entspannen ist dann, wenn man keine Zeit dazu hat.
Sydney J. Harris

Wer sich noch nie vor Lachen ausgeschüttet hat, hat etwas versäumt. Den Spruch »Das Leben ist zu wichtig, um es ernst zu nehmen«, kann man gar nicht ernst genug nehmen. Nehmen Sie sich genug Zeit zum Lachen, und seien Sie nicht immer so vernünftig. Sie legen Ihrer Kreativität nur Steine in den Weg. Griesgrame haben nur selten zündende Ideen.

Spaß ist das Herzstück kreativer Lebenslust. Spaß und Spiel regen an, entspannen, machen gute Laune und manchmal übermütig – alles Seelenzustände, die der Kreativität auf die Sprünge helfen.

Haben Sie sich schon mal überlegt, warum Kinder so kreativ und fantasievoll sind? Kinder sind spontan, verspielt, wissen, was Spaß macht. Man braucht sich bloß an die eigene Kindheit zu erinnern. Wecken Sie wieder das Kind in sich und bewahren Sie sich ein bisschen Verrücktheit.

Witz und Komik brechen alte Denkstrukturen auf. Lachen verändert die Gemütslage und damit die Perspektive. In einer entspannten Atmosphäre, in der Kritik und Logik weniger gefragt sind, gedeiht die Kreativität am besten. Spaß ist erlaubt, ja sogar erwünscht, wenn es um unkonventionelle Lösungen geht. Das entspricht leider nicht ganz den gängigen Vorstellungen und gilt häufig als »kindisch«. Aber werden Sie bloß nicht »erwachsen«, dann ist es aus mit der Weiterentwicklung Ihrer Persönlichkeit. Und wer von Natur aus eher nachdenklich ist, sollte lernen, die Dinge etwas leichter zu nehmen. Denn, wie es ein Freund von mir einmal formuliert hat: »Nichts ist so wichtig wie das Nicht-wichtig-Nehmen!«

Der Weg ist das Ziel

Die Freizeit ist nicht automatisch ein Gewinn. Es gehört schon eine gehörige Portion Mühe und Zielstrebigkeit dazu, wenn man davon profitieren möchte. Wer ein Tor schießen will, muss den Ball erwischen, ihn ins Rollen bringen und dranbleiben.

Das Glück hängt nicht von äußeren Umständen ab. Man muss

selbst aktiv werden und etwas bewegen. Wer etwas bewirken will, darf sich nicht planlos treiben lassen und warten, was das Leben zu bieten hat. Er muss sich Ziele setzen und sie in Angriff nehmen. Dabei ist der mühevolle Weg zum Ziel wichtiger als das Ziel selbst. Leo Tolstoi stellte einmal die folgenden drei Fragen (und lieferte die Antworten gleich mit dazu):

1. Wann muss man besonders aufmerksam zu sein? Jetzt.
2. Vor welchem Menschen hat man die größte Achtung? Vor demjenigen, mit dem man gerade zusammen ist.
3. Welche Arbeit ist am vordringlichsten? Diejenige, die seinem Wohl dient.

Tolstoi weist darauf hin, wie wichtig es ist, sich auf die anstehende Aufgabe zu konzentrieren und nicht etwa auf das Ergebnis. Wenn man sich auf die Aufgabe konzentriert, wird sowohl diese als auch das Ergebnis zu einer beglückenden Erfahrung.

In der Gegenwart leben bedeutet, dass der Weg mehr Freude und Zufriedenheit schenkt als das Erreichte selbst. Robert Louis Stevenson hat einmal gesagt: »Eine erwartungsvolle Reise ist mehr wert als die Ankunft.« Wenn der Weg zum Ziel wird, sieht das Leben plötzlich ganz anders aus: Die Kreativität kommt in Schwung, Misserfolge können als Erfolge gewertet werden, Verlust wird zum Gewinn, und die Reise wird das Ziel.

Und soll es eine glückliche Reise werden, muss man die Welt um sich herum genauer betrachten – Sonnenuntergänge, Musik und viele andere wunderbare Dinge. Nichts darf selbstverständlich sein – sonst ist der Zug des Lebens abgefahren. Und wohlgemerkt: Jeder Sonnenuntergang ist anders, jede Schneeflocke hat ihre eigene Form. Wachen Sie auf, und hören Sie die Vögel zwitschern, atmen Sie den Duft der Blumen ein, und spüren Sie, wie sich die Rinde der Bäume anfühlt.

Jede Minute des Lebens ist kostbar. Suchen Sie immer nach den positiven Seiten einer Sache. Füllen Sie Ihren Tag mit einer Aufgabe und erinnern Sie sich immer wieder daran, dass Sie jeden Tag genießen wollen. Benutzen Sie Ihre fünf Sinne, und erleben Sie jeden Augenblick, als sei er der letzte. Es gibt nur den gegenwärtigen Augenblick; man kann nur von einem Moment zum anderen leben und ist letztlich selbst der Augenblick.

Lieber allein als in schlechter Gesellschaft

Der Schlüssel zum Alleinsein steckt von innen

Das Alleinsein hat zwei Seiten: die schmerzliche ist die Einsamkeit, die erfreuliche die Abgeschiedenheit. Ruhige Abgeschiedenheit ermöglicht viele reizvolle Aktivitäten, denen man nur alleine nachgehen kann. Leider finden nur wenige Menschen einen Zugang zu dieser angenehmen Seite des Alleinseins.

Der Glaube, dass Alleinsein vor allem Einsamkeit bedeutet, ist weit verbreitet. Ich kenne viele Menschen, die nicht damit umgehen können, wenn sie auch nur zehn Minuten allein sein müssen; sie fühlen sich sofort einsam.

Wer Zufriedenheit nicht in sich selbst findet, sucht sie woanders vergeblich.
Francois,
Duc de La Rochefoucauld

Einsame Menschen machen gerne das Alleinsein dafür verantwortlich, dass sie in ihrer Freizeit nichts Schönes unternehmen. Ein Freund von mir wollte im Sommer unbedingt Fahrrad fahren. Nachdem er schließlich ein Fahrrad erstanden hatte, schwang er sich gerade ein-, zweimal in den Sattel und ließ es dann wieder bleiben, weil er niemanden hatte, der mitfahren wollte. Schade, weil ihm damit eine wunderbare Gelegenheit entging, seine Freizeit zu genießen. Ich fahre manchmal bewusst alleine Fahrrad oder gehe allein zum Joggen, weil ich das brauche. Gelegentlich ziehe ich das stille Vergnügen vor, mein eigener Begleiter zu sein.

Manche Leute stürzen sofort zum Fernseher oder Radio, wenn sie alleine sind. Sie lassen sich lieber von langweiligen Serien und geschwätzigen Moderatoren berieseln, als die Ruhe zu genießen. Aus lauter Angst, allein zu sein, klammern sich viele auch an eine völlig unbefriedigende Beziehung.

Die psychologische Fachwelt hält mittlerweile die Einsamkeit, vor allem in den westlichen Großstädten, für ein gravierendes Problem. Umfragen zufolge leidet bereits ein Viertel der Bevölkerung in den USA unter chronischer Einsamkeit. Manche können die Einsamkeit nicht mehr ertragen und bringen sich um. Einige Gründe für Einsamkeit sind:
› zu wenig Freunde zu haben
› nicht verheiratet zu sein
› keinen Partner zu haben
› ein Umzug in eine andere Stadt
› in einer Großstadt zu leben
› nur oberflächliche Freundschaften zu haben

Das ist besonders tragisch, weil nichts davon zwangsläufig zu Einsamkeit führen muss. Es sind vielleicht ungünstige Umstände, aber keine wahren Gründe. Die Menschen sind einsam, weil sie sich gehen lassen. Einsamkeit ist ein Spiegel der Langeweile.

Im kreativen Umgang mit dem Alleinsein lässt sich diese Langeweile vertreiben. Die meisten Menschen suchen die Gesellschaft anderer – selbst wenn sie alles andere als inspirierend ist – aus Furcht vor der noch schrecklicheren Öde in sich selbst. Sie hoffen zwar, die Einsamkeit dadurch zu überlisten, aber unter Leuten kann man erst recht einsam sein.

Wenn das Einsamkeit ist, will ich mehr davon.

Einsamkeit ist etwas anderes als Alleinsein. Die mangelnde Fähigkeit, allein zu sein, spiegelt eine innere Leere wider. Die einsamsten Menschen sind manchmal diejenigen, die immer tausend Leute um sich scharen. Sie können außerordentlich charmant sein, wirken selbstsicher und haben ein gewandtes Auftreten. Doch kaum sind sie allein, überfällt sie die Einsamkeit. Ihnen fehlt die innere Sicherheit, was sie pausenlos die Gesellschaft anderer Menschen suchen lässt.

Stadtleben:
Millionen von Menschen,
die gemeinsam einsam sind.
Henry David Thoreau

Doch wer beschäftigt sich schon mit seinem Innenleben? Da greift man lieber zu Drogen und zum Alkohol, um mithalten zu können. Oder man stellt den Fernseher an und dreht die Stereoanlage auf, um das Alleinsein mit Geräuschen zu übertönen und nicht nachdenken zu müssen. In der Sufi-Religion gibt es ein Gleichnis über die Dummheit der Menschen, die in der äußeren Welt noch etwas suchen, was sie nur in sich selbst finden können. Es geht dabei um einen kleinen Mann namens Mullah:

Eines Tages sucht Mullah auf Händen und Knien draußen auf der Straße vor seinem Haus nach etwas. Zufällig kommt ein Freund vorbei und fragt: »Mullah, was suchst du?« Mullah antwortet: »Ich habe meine Schlüssel verloren.« Der Freund bietet seine Hilfe an. Doch nach einer Weile wird ihm die Suche lästig, und er fragt Mullah: »Weißt du denn, wo du die Schlüssel verloren hast?« Mullah antwortet: »Ja, ich habe sie im Haus verloren.« Bestürzt hält der Freund inne: »Warum um alles in der Welt suchen wir dann hier draußen?« Mullah antwortet: »Weil es hier draußen viel heller ist.«

Dieses Gleichnis ist auf den ersten Blick lustig, aber es hat einen ernsten Hintergrund. Um mit dem Alleinsein fertig zu werden, versuchen sich die meisten Menschen in der Außenwelt einzurichten, weil es dort heller ist. Aber wie Mullah werden auch sie den Schlüssel zum richtigen Umgang mit dem Alleinsein dort nicht finden. Der Schlüssel zum Umgang mit dem Alleinsein steckt von innen. Wenn man die Ursache für seine Einsamkeit einmal erkannt hat, wird das Alleinsein eine willkommene Gelegenheit für viele interessante und schöne Erfahrungen, die nur ohne andere Menschen und in der Stille möglich sind.

Allein aber oho!

Die Angst vor dem Alleinsein ist ein Zeichen mangelnden Selbstbewusstseins, was wiederum die Folge von Minderwertigkeitsgefühlen ist. Das Leben kann sehr desolat sein, wenn man ein geringes Selbstwertgefühl hat.

Manche Menschen sind ständig auf der Suche nach Anerkennung. Sie brauchen immer ein positives Feedback, das ihr Selbstbewusstsein dann aber auch nicht stärkt. Die Anerkennung von anderen und das eigene Selbstwertgefühl sind nämlich zwei Paar Stiefel. Wie wir an Maslows Hierarchie der Bedürfnisse (→ S. 127 ff.) gesehen haben, braucht man beide Formen der Anerkennung, aber sie basieren auf unterschiedlichen Voraussetzungen.

> Wer nur unter Menschen und nicht mit sich alleine klarkommt, kommt überhaupt nicht klar.
> *Clark E. Moustakas*

Es ist schwer, glücklich zu sein, wenn man ein geringes Selbstwertgefühl hat. Die Umwelt und andere Menschen können es einem nicht vermitteln, man muss es sich selbst erarbeiten.

Wenn Sie nicht gerne allein sind, ist das wahrscheinlich ein Anzeichen dafür, dass Sie nicht viel von sich selbst halten. Wer sich selbst nicht ausstehen kann, kann auch das Alleinsein nicht ertragen. Übrigens: Wenn Sie sich selbst schon nicht nett finden, warum sollten andere Menschen Sie dann nett finden?

In welchem Maße man sich selbst annehmen kann, lässt sich daran ablesen, wie sehr man von der Zustimmung anderer abhängig ist. Wenn man ständig befürchtet, abgelehnt zu werden, hat man ein geringes Selbstwertgefühl. Wer dagegen ein ausgeprägtes Selbstbewusstsein hat, dem ist es egal, ob andere ihn mögen oder nicht. Er knüpft wenige, aber gute Freundschaften.

Wenn Sie ein geringes Selbstwertgefühl haben, müssen Sie es stärken. Es hängt allein davon ab, ob Sie sich selbst annehmen können, unabhängig davon, was andere von Ihnen halten. Setzen Sie sich eigene Maßstäbe und lassen Sie sich nicht von fremden Normen beeinflussen.

Wer sich selbst und die Welt nicht liebt, kann der Welt nicht dienen. Ein starkes Selbstwertgefühl verhindert ein Abrutschen in ausgefahrene Gleise und versetzt Sie in die Lage, mit dem Alleinsein nicht nur fertig zu werden, sondern in jeder Hinsicht davon zu profitieren. Erkenne dich selbst, und du findest das Universum!

Hände weg von Pessimisten!

Ist das Selbstwertgefühl gestärkt und gefestigt, wird man bestimmten Leuten aus dem Weg gehen, auch wenn es bedeutet, allein zu sein. Wer sein Lebensfeuer entfachen will, muss sich Menschen, die es wieder austreten wollen, vom Halse halten.

Menschen mit einer negativen Lebenseinstellung sind in der Regel besonders humorlos. Sie haben sich die Ansicht zu Eigen gemacht, dass alles im Leben schlecht ist. Nichts wurmt die Nörgler und Pessimisten mehr, als wenn jemand zuversichtlich und erfolgreich ist. Lebensfrohe und begeisterungsfähige Menschen sind ihnen ein Dorn im Auge, und sie werden alles daransetzen, Optimisten auf ihr deprimierendes Niveau herunterzuziehen.

Um Menschen, die einem die Luft zum Atmen nehmen, sollte man sofort einen großen Bogen machen. Freunde oder Bekannte, die nur jammern und klagen, wie schrecklich die Welt ist, werden mit ihren negativen Kräften Ihrer positiven Energie bald den Hahn abdrehen. Vermeiden Sie also in Ihrem eigenen Interesse allzu häufige Kontakte mit solchen Menschen, es sei denn, diese leiden nur unter einer vorübergehenden Depression, die ernsthafte Ursachen hat.

Pessimisten kosten Zeit und Kraft und bringen einen um die Lebensfreude, wenn nicht gar um den Verstand. Im schlimmsten Falle vereiteln sie die erfolgreiche Umsetzung der eigenen Pläne.

Sie sollten die Gesellschaft von Menschen suchen, die dem Leben positiv gegenüberstehen, die begeisterungsfähig sind und eine mitreißende Lebenslust verbreiten. Ihre Ausstrahlung erzeugt ein Kraftfeld, dem sich niemand in ihrem Umkreis entziehen kann. Man kann einiges von ihnen lernen, denn sie haben viel im Leben begriffen. Schon der gesunde Menschenverstand sollte einem sagen, dass es besser ist, sich mit tatkräftigen Optimisten als mit kräfteverschleißenden Pessimisten zu umgeben.

Allein im Baumhaus

Soll das Alleinsein Spaß machen, muss man mit sich selbst ins Reine kommen. Man muss die eigene Gesellschaft mögen. Wenn man allein ist, ist man mit sich selbst konfrontiert. Doch man erlebt dadurch die Welt und sich selbst in einer Weise, die im Beisein anderer nicht möglich ist. Man macht einen Alleinflug, erreicht aber auch größere Höhen.

> Ab und zu muss man eine Pause machen und bei sich selbst einkehren.
> Audrey Giorgi

Wenn sich dann die ersten Einsamkeitsgefühle breit machen, gibt es zwei Möglichkeiten: Entweder man lässt den Kopf hängen, legt die Hände in den Schoß, weint, bläst Trübsal, isst zu viel, schläft und bemitleidet sich selbst, was kaum ausbleiben wird, wenn man sich nicht rechtzeitig überlegt hat, wie man sich alleine beschäftigen kann, und in einer passiven Haltung verharrt.

Oder man nutzt die Gelegenheit zum kreativen Alleinsein und tut Dinge, die man sich bereits vorher überlegt hat. Man kann lesen, Briefe schreiben, lernen, Musik hören, einem Hobby nachgehen, ein Instrument spielen – was auch immer. Der Einsatz lohnt sich: Sie werden selbstbewusster und selbstsicherer.

Übung 14

Nehmen Sie noch einmal Ihren Ideenbaum zur Hand, und fügen Sie einen Ast für alles an, was Sie alleine machen können.

Zur Anregung finden Sie im Folgenden eine kleine Auswahl:
> meditieren
> Bücher und Zeitschriften lesen, für die bisher die Zeit nicht gereicht hat
> Leute besuchen, mit denen man am liebsten allein ist
> sich künstlerisch oder kreativ betätigen
> eine ehrenamtliche Tätigkeit
> Träumen nachhängen

- ein neues Hobby ausprobieren
- Leute beobachten
- ins Café gehen und Leute kennen lernen
- Fahrrad fahren, Joggen oder Schwimmen
- ein neues Werkzeug oder einen anderen Gegenstand entwerfen
- das Auto reparieren
- das Haus umbauen
- im Park spazieren gehen
- im Regen spazieren gehen
- ein Nickerchen machen
- Briefe schreiben
- Musik hören
- lernen
- im Garten arbeiten

Natürlich gibt es zahllose weitere Möglichkeiten, sich alleine zu beschäftigen. Einsamkeit kann nur durch Aktivität und Engagement überwunden werden. Das Alleinsein ist eine einmalige Chance, seine Persönlichkeit weiterzuentwickeln und die Freizeit anspruchsvoller zu gestalten.

Es ist ratsam, sich hin und wieder von anderen Menschen, von Zeitungen, von Radio und Fernseher abzukapseln. Auch wenn man in seiner gegenwärtigen Lebenssituation selten allein ist, sollte man es hin und wieder üben. Es gilt hier das Gleiche wie für eine berufliche Auszeit. Wenn man sich an das Alleinsein gewöhnt hat, ist man für künftige Zeiten unfreiwilligen Alleinseins besser gerüstet. Die Wechselfälle des Lebens verändern manchmal liebgewordene Beziehungen und gewohnte soziale Strukturen. Der Ruhestand,

> Wer andere kennt,
> ist weise,
> wer sich selbst kennt,
> ist erleuchtet.
> *Laotse*

ein Umzug in eine fremde Stadt oder der Tod eines nahe stehenden Menschen führen zwangsläufig dazu, dass man häufiger allein ist. Damit aus dem Alleinsein keine Einsamkeit wird, sollte man sich rechtzeitig darauf vorbereiten.

Die Kunst der Stille

Ruhige Abgeschiedenheit ist für einen Künstler häufig eine Quelle der Inspiration, eine Möglichkeit, Abstand zu finden und nachzudenken. Maler, Bildhauer, Dichter, Schriftsteller und Komponisten arbeiten meistens alleine, weil sie kreativer sind und besser vorankommen.

Treiben Sie Ihren Selbstfindungsprozess voran, indem Sie den Künstler in sich wecken und einmal in der Woche einen »Tag der Kunst« – oder wie immer Sie es nennen wollen – einlegen, an dem die eigenen Gestaltungskräfte zum Einsatz kommen. Dabei ist es völlig unerheblich, ob man sich für talentiert hält oder nicht, denn mit der wöchentlichen Routine werden kreative Talente geweckt, von denen man bisher keine Ahnung hatte oder die nur eine Zeit lang verschüttet waren.

An diesem einen Tag in der Woche sollten Sie dafür sorgen, dass Sie allein sind und sich ungestört einer Tätigkeit widmen können, die Sie schon immer gereizt hat oder die Sie zwischendurch vernachlässigt haben.

Wenn die angeborenen kreativen Fähigkeiten der Kindheit lange Zeit brachgelegen haben, muss man sie wieder ausgraben. Denkbar wäre zum Beispiel, einen Roman oder eine tagebuchartige Darstellung des eigenen Lebens zu schreiben. Wem das Schreiben nicht liegt, der kann es zum Beispiel mit Holzschnitzen versuchen, alte Autos wieder flott machen, malen oder fotografieren. Schreiben Sie 15 Dinge auf, die Sie

gerne machen würden. Die folgende Liste soll Ihnen ein paar Anregungen geben:
> ein Buch schreiben
> Bilder malen
> zehn Filmkritiken schreiben
> alle Sehenswürdigkeiten der Umgebung besichtigen
> Lieder komponieren
> alle Vogelarten im Umkreis fotografieren
> in Konzerte, Opern und Theateraufführungen gehen und Kritiken schreiben
> ein Instrument erlernen

Wenn die Liste komplett ist, wählen Sie eine Beschäftigung aus, die Sie mindestens ein Vierteljahr lang konsequent verfolgen wollen. In dieser Zeit sind Sie Künstler oder Autor. Ganz wichtig ist dabei, dass an dem wöchentlichen »Tag der Kunst« der Entstehungsprozess und nicht das Ergebnis im Mittelpunkt steht. Ein Buch beispielsweise muss nicht unbedingt veröffentlicht werden. Der Vorgang des Schreibens ist das Entscheidende, weil das Buch dann nicht nur eine Gedankenspielerei bleibt, sondern tatsächlich zu Papier gebracht wird.

Fangen Sie einfach an zu schreiben oder zu malen, dann kommen Sie Ihrer Kreativität schon auf die Spur. Und das Alleinsein werden Sie bald nicht mehr missen wollen. Der

> Das Gespräch erweitert das Verständnis, aber die Einsamkeit ist die Schule des Genies.
> Jean de la Bruyère

»Tag der Kunst« schafft einen Zugang zur verschütteten Kreativität, und Sie werden überrascht sein, welche künstlerischen Talente in Ihnen schlummern.

Ist das Projekt dann zum Abschluss gekommen, sind ein tiefes Gefühl der Befriedigung und eine hübsche Portion Selbstbewusstsein der Lohn. Dann darf das Ergebnis auch gebührend gefeiert werden. Zeigen Sie Ihre Werke ruhig Ihren Freunden und Verwandten, kümmern sich aber nicht die Bohne darum, wenn man Ihre Bilder potthässlich findet. Die Meinung der anderen kann Ihnen vollkommen egal sein; im Gegenteil, Sie dürfen stolz darauf sein, dass Sie die Sache zu Ende gebracht haben. Dass Sie sich regelmäßig Zeit genommen haben, um kreativ tätig zu sein, wird Ihnen helfen, Ihr Selbstbewusstsein weiter zu stärken, und Sie darin bestätigen, dass Alleinsein durchaus glücklich machen kann.

Einsiedler mit Lebenserfahrung

Zu einem Leben ohne Arbeit gehört auch das Alleinsein, für das man im Lauf der Zeit eine gewisse Liebe entwickeln muss. Das Alleinsein ist nicht nur eine Chance für die persönliche Entwicklung, es ist gleichzeitig eine Gelegenheit, sich von der Hektik des Alltags abzukoppeln. Man muss sich zurückziehen können, um sich selbst kennen zu lernen. Einsamkeit deprimiert und macht unglücklich, ruhige Abgeschiedenheit dagegen zufrieden, manchmal sogar euphorisch. Der glückliche Einsiedler ist der Inbegriff des Alleinseins. Selbstverwirklichte und lebenskluge Menschen wissen, was sie daran haben. Es ist ihnen gelungen, die höchste Stufe der persönlichen Entwicklung zu erreichen, und Sie haben keine Angst davor, alleine zu sein, sondern sind sogar besonders erpicht darauf. Auch in ihrer Freizeit sind diese Menschen am leistungsfähigsten, wenn sie ungestört sind. Sie haben ihr Zentrum gefunden und genügen sich selbst.

Selbstverwirklichung hat nichts mit Eigenbrötelei zu tun. Eigenbrötler schließen sich niemandem an, sind neurotisch und verschlossen. Selbstverwirklichte Menschen dagegen haben ein gesundes Bedürfnis nach Geselligkeit. Der Psychologe Abraham

Maslow bescheinigt ihnen ein hohes Maß an innerer Unabhängigkeit und zugleich ein großes Interesse an anderen Menschen. Sie wirken vielleicht manchmal wie Eigenbrötler und sind ausgeprägte Individualisten, trotzdem sind sie umgänglich, kameradschaftlich, freundlich und liebevoll. Sie kommen mit anderen genauso gut aus wie mit sich selbst, denn sie müssen anderen Leuten nichts vormachen und sind nicht auf deren Anerkennung angewiesen.

Diese Lebenskünstler haben ihre Lektion gelernt. Sie sind unabhängig und haben es nicht nötig, ihre Identität durch die Zugehörigkeit zu einer sozialen Gruppe zu dokumentieren. Sie wissen selbst, was sie wollen, haben ihre eigene Meinung und scheuen keine Auseinandersetzung.

Selbstbewusste Menschen fühlen sich in Gegenwart anderer Leute wohl, aber sie brauchen sie nicht. Ehrentitel, Prestige und Auszeichnungen sind ihnen gleichgültig, weil sie nicht darauf angewiesen sind.

Das Innenleben bestimmt die Qualität des nach außen orientierten Lebens. Die eigene Entwicklung und der Weg zur Selbstverwirklichung ist voller Wunder, geheimnisvoll und faszinierend. Der immaterielle, der seelische Gewinn der Freizeit zeigt sich, sobald man anfängt, ausreichend Zeit in das Abenteuer Alleinsein zu investieren. Ruhe gibt Raum zum Nachdenken, Meditieren und Wachsen, und im eigenen Inneren kann man das Nirwana finden.

Geld regiert die Welt?

Geld ist nicht alles

In diesem Kapitel geht es um das liebe Geld – und um die Rolle, die es bei einer sinnvollen und vergnüglichen Freizeitgestaltung spielen sollte. Geld spielt durchaus eine Rolle, aber sie ist längst nicht so groß, wie allgemein angenommen wird.

Es gibt zwei Sorten von Menschen, deren Gedanken sich unentwegt ums Geld drehen: die, die zu viel davon haben, und die, die zu wenig davon haben. Wenn Geld im Spiel ist, geht der gesunde Menschenverstand meistens baden. Psychologen wissen, dass Geld weitaus mehr Probleme bereitet als Sex. Ohne den täglichen Tanz ums goldene Kalb ginge es uns also wesentlich besser.

> Zu viele Menschen suchen die Sicherheit statt der Chance. Sie fürchten sich offenbar mehr vor dem Leben als vor dem Tod.
> James F. Byrnes

Aber leider müssen wir alle bis zu einem gewissen Grade mittanzen. Das Essen, das Dach über dem Kopf, die Ausbildung, ein Fortbewegungsmittel, die Krankenkasse, die Kleidung – all das will bezahlt sein. Der Lebensunterhalt kostet fast immer Zeit, Energie und Mühe, und für die wirklich interessanten und erfreulichen Dinge des Lebens bleibt nicht mehr viel übrig.

In unserer westlichen Wohlstandsgesellschaft sollte das Geld eigentlich nicht das Riesenproblem sein, zu dem es immer gemacht wird. Der richtige Umgang mit Geld ist nämlich gar nicht so schwierig, wenn man ein Geheimnis kennt – das ich hier aber noch nicht verrate. Nur so viel: Es geht um zwei wirkungsvolle Methoden, die dem leidigen Geldproblem ein Ende bereiten.

Sind die Grundbedürfnisse befriedigt, kann man weitere finanzielle Sorgen vermeiden: Man muss nur sein Verhältnis zum Geld überdenken. Die meisten Menschen können ihre Grundbedürfnisse befriedigen, und obwohl sie keine Zeit für andere Dinge haben, wollen Sie immer mehr.

Die Jagd nach Geld und Gut ist der missglückte Versuch, sich für das zu entschädigen, was einem im Leben fehlt. Dabei bleibt manches auf der Strecke, zum Beispiel zwischenmenschliche Beziehungen. Das Problem ist, dass man sich über sein Geld und seinen Besitz definiert. Viel kostbare Freizeit geht verloren, wenn man immer mehr arbeitet, um immer mehr kaufen zu können! Hinter der Jagd nach Geld und Gut verbirgt sich die Jagd nach etwas ganz anderem.

Genug ist nicht genug

Unter dem Deckmantel finanzieller Probleme stecken in Wirklichkeit häufig seelische Probleme. Die Menschen leiden seelisch und körperlich unter dem Mangel an wertvollen menschlichen Beziehungen und dem Zeitdruck, der die Freude an bereits Erreichtem nicht aufkommen lässt. Viele Menschen, denen es eigentlich gut geht, nehmen bei der Jagd nach immer mehr Geld schwere gesundheitliche Schäden – ja sogar den Tod – in Kauf. Der wirtschaftliche Erfolg hinterlässt eine Leere und das Gefühl, immer noch zu kurz gekommen zu sein.

In der westlichen Welt befindet sich die Armutsgrenze mittlerweile auf einem Niveau, das in vielen Ländern der Dritten Welt als Grenze zum Mittelstand oder zur Oberschicht gilt. Es gab Zeiten, in denen ein Schwarzweißfernseher für die Mittelklasse ein

Luxus war. Später galt der Farbfernseher als Luxus, und heute gehört er schon zu den Lebensnotwendigkeiten, die jedem Sozialhilfeempfänger zustehen. Heute gilt man noch nicht einmal als wohlhabend, wenn man zwei Farbfernseher sein eigen nennt. In den neunziger Jahren besaß und verkonsumierte ein Amerikaner im Durchschnitt doppelt so viel wie in den fünfziger Jahren. Er jammert aber auch doppelt so viel.

Das Ganze ist eine Frage der Gier und Unersättlichkeit; man will auf nichts verzichten: viel Geld, ein großes Haus, zwei oder besser drei Autos und immer exotischere Urlaube in der Karibik oder im Orient. Diese Raffke-Mentalität hat nur zu größerer Unzufriedenheit geführt, obwohl es uns heute so gut geht wie noch nie.

Je höher der Komfort, hat man uns beigebracht, umso größer das Glück. In unserer westlichen Wohlstandsgesellschaft ist man mittlerweile vor extremer Armut und vor Hunger auf eine Weise geschützt, wie es sich frühere Generationen nicht hätten träumen lassen. Trotzdem wird sofort gejammert, wenn die Wirtschaft mal stagniert und es vorübergehend ein paar Arbeitslose gibt.

Eine aufwändige Lebensweise aus Prestigegründen ist uns keineswegs in die Wiege gelegt. Der unersättliche Sammeldrang nach materiellen Gütern ist ein angelerntes Verhalten, das erst mit dem Kapitalismus, der industriellen Revolution und der Arbeitsmoral aufgetaucht ist. Das Fernsehen ist dabei nicht ganz unschuldig. Die Scheinwelt der Werbung richtet erheblichen Schaden an: Man hat das Gefühl, zu kurz zu kommen und ein Versager zu sein, wenn man sich nicht die neuesten technischen Spielereien und allen möglichen modischen Firlefanz zulegt. Wir werden mit Bildern bombardiert, die uns vorschreiben, mit welchen Menschen wir uns zu umgeben haben, wie wir uns anziehen sollen, welche Geräte wir besitzen, welche Automarke wir fahren müssen und wie groß unser Haus zu sein hat. Die kommerzielle Werbung verspricht alles – Selbstbewusstsein, Glück und Macht inklusive. Wer diesem Bild vom Erfolgsmenschen nicht entspricht, ist verunsichert und fühlt sich minderwertig. Uns wäre schon viel geholfen, wenn man uns mit der Werbung verschonen würde.

Ein Körper, der nach wilden Rosen duftet, und die vollautomatische Klimaanlage im Auto sind sicherlich nicht der Weisheit letzter Schluss oder der ultimative Kick zum Glück. Der Konsumrausch lebt von einer permanenten Unzufriedenheit. Wird die nächste Anschaffung das erhoffte Glück endlich bringen? Wie könnte sie! Wenn wir glücklich wären, würden wir doch nicht schon wieder etwas Neues haben wollen! Die Befriedigung, die der Kaufrausch uns verschafft, ist nur von kurzer Dauer und macht den Appetit auf den nächsten Happen umso größer. Genug ist eben nicht genug.

> Mein Reichtum besteht nicht in der Menge meines Besitzes, sondern in der Beschränkung meiner Bedürfnisse.
> J. Brotherton

Mehr Geld, mehr Sorgen

Im April 1995 forderte der Bischof von Liverpool die englische Regierung auf, das Lotteriegesetz zu revidieren und wenigstens die Gewinne zu senken. Er reagierte damit auf den Selbstmord eines Mannes aus Liverpool, der geglaubt hatte, dass ihm ein Lotteriegewinn von umgerechnet 12 Millionen Euro durch die Lappen gegangen sei, weil er vergessen hatte, seinen Lotterieschein abzugeben. Der 51jährige Timothy O'Brian, Vater von zwei Kindern, hatte sich erschossen, weil er meinte, die Chance seines Lebens verpasst zu haben. Dabei hätte sich nicht zwangsläufig alles zum Besseren gewendet, wenn er das Geld gewonnen hätte. Schon viele Lotteriegewinner sind mit den Problemen nicht fertig geworden, die der plötzliche Reichtum ihnen beschert hat. Das große Glück hätte sich bei Timothy O'Brien wahrscheinlich nicht eingestellt, da er sich wegen einer verpassten Chance das Leben nahm. Wahrscheinlich hätte ihm das große Geld nichts als Ärger gebracht. Zufällig ergab sich bei der gerichtlichen Untersuchung des Falles, dass er mit seiner Zahlenkombination nur knapp 100 Euro gewonnen hätte.

Die falschen Erwartungen, die Timothy O'Brien mit dem Reichtum verband, warfen ihn letztlich aus der Bahn. Viele Menschen knüpfen ähnliche Erwartungen an den Besitz von viel Geld. Wie zum Beispiel folgende:

> Wenn ich viel Geld hätte, wäre ich glücklich.
> Wenn ich viel Geld hätte, könnte ich meine Freizeit genießen.
> Wenn ich viel Geld hätte, hätte ich ein größeres Selbstwertgefühl.
> Wenn ich viel Geld hätte, würde ich anderen besser gefallen und könnte endlich einen Ehepartner finden.

Wem diese Überlegungen bekannt vorkommen, der ist ein Sklave des Geldes und lässt sich von Angst beherrschen. Nur ein gut gefülltes Bankkonto vermittelt ein Gefühl von Sicherheit. Leider ist das ein Trugschluss. Es gibt viele Menschen, die mit ihren bescheidenen Mitteln außerordentlich glücklich sind und sich nicht die geringsten Sorgen machen. Wer befürchtet, dass er mit bescheidenen finanziellen Mitteln nicht auskommt, der wird auch nicht glücklich, wenn er sich eine goldene Nase verdient, weil er dann befürchten muss, dass sie ihm gestohlen wird.

Die wenigsten Reichen besitzen ihr Eigentum. Sie sind das Eigentum ihres Besitzes.
Robert G. Ingersoll

Je mehr Geld man besitzt, umso größer ist die Angst, dass es einem wieder abhanden kommen könnte.

Eine ausführliche Studie, die 1993 am psychologischen Institut der University of Illinois durchgeführt wurde, belegt, dass man sich mit mehr Geld, als für die Befriedigung elementarer Bedürfnisse notwendig ist, weder Glück erkaufen noch Probleme lösen kann. Auf die Dauer führt mehr Geld zu mehr Sorgen. Wenn die Grundbedürfnisse befriedigt sind, spielt eine Gehaltserhöhung kaum mehr eine Rolle. Für kurze Zeit freut man sich über die Aufstockung des Gehalts, aber kaum hat man sich daran gewöhnt, verlangt man schon nach mehr Geld, um die neu geweckten Wünsche erfüllen zu können. Ein größeres Haus, ein schickeres Auto und noch exotischere Reisen. Doch eine dauerhafte Zufriedenheit bleibt aus.

Wenn Menschen mehr Geld haben, als sie zur Erfüllung von elementaren Wünschen und Bedürfnissen benötigen, bringt das häufig Nachteile mit sich. Hier eine kleine Auswahl:
> Freundschaften und andere Beziehungen leiden.
> Es kostet mehr Zeit und Mühe, sich um die finanziellen Angelegenheiten zu kümmern.
> Das Leben wird insgesamt komplizierter.
> Je mehr Geld und Gut man hat, umso größer ist die Angst, bestohlen zu werden.
> Die Angst, Geld durch Fehlinvestitionen zu verlieren, wächst.

Kluge Leute wussten schon immer, dass Geld nicht glücklich macht. Trotzdem ignorieren viele Menschen diese Erkenntnis und jagen dem Reichtum nach, egal welche Opfer sie dafür bringen müssen. Der Glaube an das »Allheilmittel« Geld ist ungebrochen.

Der Mythos Geld wird durch die vielen Menschen entzaubert, die zwar ein gut gefülltes Konto, aber seelische Probleme haben. Sie wissen weder, wie sie ihr Geld ausgeben und genießen kön-

Nur weil 20% von uns 80% des Geldes haben, muss der Rest deshalb nicht sauer sein.

nen, noch teilen sie es mit den Menschen, denen es nicht so gut geht. In den USA wird die Tugend der Barmherzigkeit eher von den Armen als von den Reichen gepflegt.

Viele Menschen häufen große Geldsummen durch harte Arbeit, durch eine Erbschaft, beim Glücksspiel oder auf illegalem Wege an. Doch die Enttäuschung folgt meistens auf dem Fuße und endet manchmal in Depressionen. Diese Menschen können sich zwar alle materiellen Wünsche erfüllen, gleichzeitig sind sie aber zutiefst verzweifelt. Sie werden von einer schmerzlichen Sehnsucht gequält, die sie ahnen lässt, dass etwas fehlt: Sie spüren ein tiefes Loch, das aufgefüllt werden muss. Aber so viele Delikatessen und teuren Wein sie auch hineinschütten, mit welchem teuren Auto oder noch so großen Haus, mit welchen noch so exklusiven Designermöbeln sie auch versuchen, das Loch zu stopfen, es wird immer größer. Und der Schmerz immer unerträglicher.

Geld ist keine Lebensversicherung

Ob man Arbeit hat oder nicht, Geld braucht man zum Überleben. Mit Geld kann man natürlich auch das Spektrum seiner Freizeitbeschäftigungen erweitern. Geld sollte aber immer nur ein Mittel zum Zweck sein. Wer das Geldverdienen zum Selbstzweck erhebt, öffnet maßloser Enttäuschung und Unzufriedenheit Tür und Tor.

Übung 15

Beantworten Sie offen und ehrlich diese beiden Fragen:
Welche Absicherungen wünschen Sie sich für Ihr Leben?
Wie viel Geld oder welche materiellen Dinge braucht man für ein glückliches und erfülltes Leben?

Man hat uns dazu erzogen, durch die Anhäufung materieller Güter dafür zu sorgen, dass der Ruhestand und unvorhersehbare Ereignisse im Leben abgesichert sind. Wer glaubt, dass die Sicherheit alleine durch Geld gewährleistet werden kann, ist auf dem Holzweg. So wie man Liebe und Freundschaft nicht kaufen kann, ist auch Sicherheit letztlich nicht käuflich. Auch wenn die Finanzexperten in der Lokalzeitung das anders sehen.

Die Sicherheit, die nur auf einem materiellen und finanziellen Fundament steht, ist sehr begrenzt: Auch die Superreichen können tödlich verunglücken und sie sind genauso anfällig für Krankheiten wie weniger Betuchte. Wenn ein Krieg ausbricht, sind Reiche und Arme gleichermaßen betroffen, und bei einer Wirtschaftskrise muss man nur um sein Geld fürchten, wenn man welches hat.

> Manchen Leuten beschert ihr Reichtum nichts außer der Sorge, ihn zu verlieren.
> *Antoine de Rivarol*

Vollkommene Sicherheit durch materiellen Besitz ist also eine Illusion. Wer extrem auf Sicherheit aus ist, ist in Wirklichkeit total verunsichert, während Menschen, die sich am wenigsten darum kümmern, meistens seelisch sehr gefestigt sind. Unsicherheit und die damit verbundenen unangenehmen Gefühle verdrängen viele, indem sie sich mit einem finanziellen Schutzwall umgeben, der Angriffe auf das Selbstwertgefühl abwehren soll. Um ein Gefühl der Sicherheit zu erhalten, stützen sie sich auf Äußerlichkeiten wie Geld, Ehepartner, Haus, Auto und Prestige. Wenn sie all das verlieren, verlieren diese Menschen auch sich selbst, denn dann bleibt nichts mehr von dem übrig, worauf die eigene Identität gegründet war.

Ein echtes Gefühl der Sicherheit kann nur aus einer inneren Sicherheit entstehen.

Wer gesund und in der Lage ist, für sich selbst zu sorgen, benötigt nur diese innere Sicherheit. Sicherheit in diesem Sinne ist das Vertrauen in die eigenen Kreativität und Fantasie – dass man sich zutraut, die täglichen Probleme, die das Leben einem beschert, in den Griff zu kriegen. Ein sicherer Mensch hat gelernt, »sorglos« zu leben und sich nicht übermäßig mit seiner finanziellen Sicherheit zu befassen. Kreativität und Fantasie sind die beste Lebensversicherung.

Das Wesentliche liegt in einem selbst und nicht im Besitz. Geht der Besitz verloren, hat man immer noch sich selbst; und damit kann man den Lebensweg beruhigt fortsetzen.

Macht Geld glücklich?

Viele Leute wissen gar nicht so genau, was sie vom Leben erwarten, aber eine Menge Geld – das meinen sie ganz genau zu wissen – wird es ihnen ermöglichen. Die meisten Annahmen in Bezug darauf, was Geld alles leisten kann, sind grundverkehrt, zum Beispiel, dass Geld glücklich macht.

> Wenn jemand behauptet, dass Geld alles bewirken kann, ist die Sache klar. Er hat keines.
> *Ed Howe*

Haben Geld und Glück überhaupt etwas miteinander zu tun? Geld braucht man zum Überleben, aber wie viel man braucht, um glücklich zu sein, ist eine ganz andere Frage. In Motivationsseminaren versucht man den Leuten immer wieder weiszumachen, dass Millionäre die Gewinner im Spiel des Lebens sind. Wir anderen sind also die Versager und Verlierer? Ich hätte genug Argumente, warum viele Menschen mit bescheideneren finanziellen Mitteln die wahren Gewinner im Leben sind.

Ich mag das Geld wegen seines inneren Wertes. Ich habe es zum Fressen gern!

In unserer Gesellschaft steht Geld zwar für Macht, Ansehen und Sicherheit, doch als Glücksbringer taugt es schon von Natur aus nicht.

Die folgende Übung kann Ihnen vielleicht einen Eindruck von der wahren Natur des Geldes vermitteln:

Übung 16

Nehmen Sie etwas Geld in die Hand. Es fühlt sich ziemlich kalt an, nicht wahr? Es könnte Sie nachts nicht wärmen. Sprechen Sie mit Ihrem Geld ... Sehen Sie, es antwortet nicht. Und so sehr Sie das Geld auch lieben, es wird Ihre Liebe nicht erwidern.

Geld ist nützlich, weiter nichts. In welchem Maße es das Leben bereichert, hängt mehr von einem sinnvollen Umgang mit Geld als von der Menge ab. Michael Phillips, ein ehemaliger Vizedirektor einer Bank, zeigt in seinem Buch ›Die sieben Gesetze des Geldes‹, dass zu viele Menschen ihre Identität vom Geld abhängig machen, und stellt sieben interessante Thesen rund ums Geld vor:
› Wer wagt, gewinnt.
› Geld hat seine eigenen Regeln.
› Geld ist ein Traum.

> Geld ist ein Alptraum.
> Geld kann man nicht wirklich verschenken.
> Geld erhält man nie wirklich geschenkt.
> Es gibt Welten ohne Geld.

Geld ist in vieler Hinsicht nützlich, und niemand wird die wichtige Rolle, die Geld in der Gesellschaft und für die Wirtschaft spielt, infrage stellen, aber der Mythos, dass Geld glücklich macht, muss hinterfragt werden. Auch Benjamin Franklin wusste: »Geld hat noch niemanden glücklich gemacht, und das wird auch so bleiben. Geld ist von Natur aus kein Glücksbringer. Je mehr der Mensch hat, umso mehr will er haben. Statt ein Vakuum zu füllen, schafft es eins.«

Ein kleines Portemonnaie ist groß genug

Man muss nicht unbedingt auf einem Geldsack sitzen, um sich gelassen zurückzulehnen. Wie wir schon im ersten Kapitel gesehen haben, kommt es auf die richtige Einstellung an. Wer ein Müßiggänger sein will, der muss zusehen, dass er finanziell unabhängig wird. Das ist gar nicht so schwer, wie es scheint. Ein Millionär muss man dafür jedenfalls nicht werden.

> Viele Leute verachten das Geld, aber wissen nicht, wie man sich davon trennt.
> *Francois,*
> *Duc de La Rochefoucauld*

Zunächst sollte man sich natürlich klar darüber werden, was unter finanzieller Unabhängigkeit zu verstehen ist. Manchmal bedarf es dafür keiner Gehaltserhöhung und keines Vermögens. Man muss lediglich seine Vorstellungen von finanzieller Unabhängigkeit korrigieren.

Eine aktuelle Umfrage hat ergeben, dass sich Menschen kurz vor der Pensionierung vorwiegend Sorgen um ihre Finanzen, die Gesundheit und darüber machen, ob sie im Ruhestand einen Partner oder Freunde haben, die ihnen Gesellschaft leisten – in dieser Reihenfolge. Interessanterweise rückt kurz nach der Pensionierung die Gesundheit an die erste Stelle und die Finanzen auf Platz drei. Offenbar ändern sich die Vorstellungen bezüglich der finanziellen Unabhängigkeit, denn das Einkommen bleibt ja gleich. Das Ergebnis dieser Umfrage zeigt, dass man im Ruhestand mit viel weniger zurechtkommen kann, als man zunächst gedacht hat.

Der Buchautor Joseph Dominguez ist mit einem Einkommen finanziell unabhängig, das die meisten Leute unterhalb der Armutsgrenze ansiedeln würden, und er behauptet, dass ihm das jeder nachmachen kann. Finanzielle Unabhängigkeit hat nämlich nichts mit Reichtum zu tun. Sie ist schon für 500 Euro im Monat oder auch weniger zu haben. Wie das? Man muss nur dafür sorgen, dass man mehr Geld einnimmt als ausgibt. Wenn man also 500 Euro monatlich zur Verfügung hat und 499 Euro ausgibt, ist man finanziell unabhängig.

Genau das hat Dominguez jahrelang gemacht. 1969, im Alter von 29 Jahren, hat er sich als finanziell unabhängiger Mann aus dem Beruf zurückgezogen. Als Börsenmakler an der Wall Street hatte er miterlebt, wie viele Menschen, die über sehr viel Geld verfügten, unglücklich waren, und wollte daher nicht länger in diesem Umfeld arbeiten. Also erstellte er ein persönliches Finanzkonzept, das auf einer sehr bescheidenen Lebensführung basierte. Es geht ihm nicht schlecht, auch wenn er nur 6000 Dollar im Jahr zur Verfügung hat, die er aus der Anlage seiner Ersparnisse bezieht. Weil seine Bedürfnisse so bescheiden sind, konnte er alles, was er seit 1980 mit seinen Seminaren über den vernünftigen Umgang mit Geld verdient hat, gemeinnützigen Organisationen spenden.

Eine Theorie für Beruf und Freizeit

Im März 1994 erschien in der Zeitschrift ›British Columbia Business‹ ein Lifestyleartikel des bekannten Journalisten Dominique LaCasse. Er schreibt, dass ihn die Lektüre dieses Buches (und vielleicht ein paar Drinks, die er sich dabei genehmigte) dazu angeregt haben, seinen lukrativen, aber mörderischen Job bei einer großen Zeitung an den Nagel zu hängen und gegen ein einfacheres, aber ungewisses Leben in British Columbia, dem kanadischen Mekka für alternative Aussteiger und überarbeitete Großstadtmenschen, einzutauschen.

Dominique LaCasse folgte damit dem Beispiel einer zunehmenden Zahl von »Downshiftern«, gestressten Berufstätigen, die kürzer treten und – wie er schreibt – »ihrem Chef samt Terminkalender den Laufpass geben und sich der Freiheit und der frischen Luft in die Arme werfen« wollen.

Das bedeutete für ihn und seine Familie eine drastische Umstellung, die ihm eine größere Entscheidungsfreiheit über seine Lebensweise bescherte, aber mit einem erheblichen Einkommensverlust und existenzieller Unsicherheit verbunden war. Doch der Verzicht auf mehr Geld zahlt sich in den meisten Fällen aus: das Leben ist entspannter und letztlich reicher.

> Ein Haufen Geld verändert nichts, es ist nur ein Verstärker. Dummköpfe werden noch dümmer, und nette Menschen werden noch netter.
> *Ben Narasin*

Die Bedingungen für ein erfülltes Berufsleben und eine erfüllte Freizeit sind im Wesentlichen dieselben. Glück und Erfüllung haben vor allem mit Zufriedenheit zu tun, und Zufriedenheit wiederum nicht das Geringste mit Geld. Befriedigung im Beruf und in der Freizeit hängen davon ab, wie motiviert und erfolgreich ein Ziel verfolgt wird.

Neben Maslows Theorie der Bedürfnishierarchie gibt es eine fast ebenso beliebte Motivationstheorie: Frederick Herzbergs »Zwei-Faktoren-Theorie«, die bei Untersuchungen Anwendung findet, welche sich mit der Motivation am Arbeitsplatz beschäftigen. Herzberg selbst hat nie daran gedacht, seine Theorie auch auf das Freizeitverhalten anzuwenden, doch ich werde es hier für ihn tun, weil seine Prinzipien dafür bestens geeignet sind.

Von allen Versuchen, mir Anerkennung zu verschaffen, ist das der kreativste und verrückteste.

Herzbergs umfangreiche Befragung von Arbeitern aus den verschiedensten Branchen ergab, dass die Faktoren am Arbeitsplatz, die mit Unzufriedenheit in Verbindung gebracht wurden, sich von denen unterschieden, die für die Motivation und Zufriedenheit am Arbeitsplatz verantwortlich waren.

Wie die Abbildung auf Seite 206 zeigt, gibt es in der Mitte der Skala einen neutralen Bereich, in dem weder Zufriedenheit noch Unzufriedenheit zu verzeichnen sind. Unzufriedenheit kann im Zusammenhang mit den Arbeitsbedingungen auftreten. Häufig sind Menschen unzufrieden, wenn die folgenden Faktoren nicht gegeben sind: ein angemessenes Gehalt, ein sicherer Arbeitsplatz, ein gutes Arbeitsumfeld, ein guter Status. Wenn diese Bedingungen stimmig sind, stellt sich aber nicht etwa automatisch eine Zufriedenheit ein, sondern nur ein neutraler Zustand – eben keine Unzufriedenheit.

Will man wirklich zufriedene Mitarbeiter haben, müssen motivierende Faktoren dazukommen: Anerkennung, Leistung, Entfaltung der Persönlichkeit, Verantwortung. Man nennt sie

Motivatoren, weil sie mit der Arbeit, der Tätigkeit selbst zu tun haben und deshalb eine Arbeitszufriedenheit hervorrufen und die Leistungsfähigkeit und Effektivität steigern können.

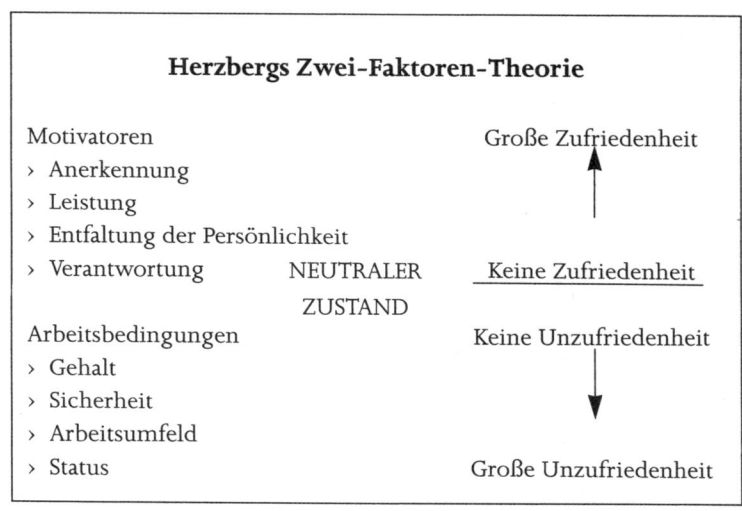

Kommen wir noch einmal zum Thema Geld zurück: Zum Arbeitsleben gehört Geld selbstverständlich dazu, wenn keine Unzufriedenheit aufkommen soll. Für einen arbeitslosen Schreiner, der pleite ist und kein Dach über dem Kopf hat, ist Geld sogar überaus wichtig. Bekommt er ein Gehalt, mit dem er sich wenigstens ein einfaches Einzimmer-Apartment leisten kann, sieht seine gesamte Situation schon viel besser aus. Alles, was aber über dieses Gehalt hinausgeht – auch wenn er sich einen Palast mit 117 Zimmern davon kaufen könnte –, wird nichts zu seiner Zufriedenheit und Freude in Bezug auf seine Tätigkeit beitragen. Die Unzufriedenheit ist beseitigt und der neutrale Punkt erreicht. Nun müssen – unabhängig von der Bezahlung – Motivatoren dazukommen, sonst wird seine Arbeit ihn nicht glücklicher und zufriedener machen.

Diese Grundprinzipien von Herzbergs Theorie lassen sich auch auf die Freizeit übertragen. Das Geld kann dabei nur bestimmte Funktionen erfüllen. Selbst wenn man Millionen für die Freizeit zur Verfügung hätte, wäre ohne Motivatoren ein neutraler Gemütszustand das Höchste der Gefühle. Wenn wir bei unseren Freizeitbeschäftigungen ein Gefühl der Zufriedenheit und des Glücks erreichen wollen, benötigen wir mindestens zwei oder drei Motivatoren.

> Letztlich finde ich es mühsamer, auf das Geld aufzupassen, als es zu erwerben.
> *Michel de Montaigne*

Anspruchsvolle Aufgaben sind dafür besonders geeignet. Je schwieriger eine Aufgabe, umso größer ist die Befriedigung über einen Erfolg. So ist es beispielsweise extrem schwer, sich das Rauchen abzugewöhnen, aber wer es geschafft hat, hält es für die Heldentat seines Lebens und ist rundum mit sich zufrieden.

Meine große Herausforderung war mein erstes Buch, das ich erst einmal schreiben, aber dann auch selbst verlegen musste. Man hatte mir dringend davon abgeraten, es selbst zu veröffentlichen, weil es angeblich keinen Markt dafür gab. Aber ich wagte das Abenteuer und verlegte das Buch schließlich selbst. Es wurde ein Riesenerfolg und gelangte unter die ersten zehn Prozent der meist verkauften Sachbücher in den USA. Weil ich das Risiko und den mühsamen Weg nicht gescheut hatte, ging es mir hinterher umso besser. In meine Aufgabe hatte ich Motivatoren eingebaut – Erfolg, Verantwortung, Entfaltung der Persönlichkeit und Anerkennung –, die mich angetrieben haben. Aus diesem persönlichen Erfolg bezog ich eine große Befriedigung.

Machen Sie sich also auch Herzbergs Motivationstheorie für die Freizeitgestaltung zunutze, und suchen Sie nach Motivation. Eine Tätigkeit, die kaum etwas kostet, wie zum Beispiel die ehrenamtliche Mitarbeit in einem Wohltätigkeitsverein, verspricht größere Glücksgefühle als neue Kleider für 5000 Euro. Wer anderen hilft, leistet etwas, hat Verantwortung, fördert seine persönliche Entwicklung und erwirbt Anerkennung, was letztlich mehr befriedigt als alles Geld der Welt.

Bescheidenheit macht reich

Geld ist bei uns der Schlüssel zu materiellem Wohlstand und sozialer Anerkennung. Wem von klein auf eingebläut wird, dass das Leben umso schöner ist, je mehr Besitz man anhäufen kann, der geht möglicherweise leichtfertig finanzielle Verpflichtungen ein, aus denen er dann kaum wieder herauskommt. Man klammert sich an einen üppigen Lebensstil, den man sich eigentlich nicht leisten kann. Dabei wäre mit etwas Maßhalten den finanziellen Problemen ganz schnell beizukommen. Es ist erstaunlich, wie wenig ein Mensch braucht, wenn er ein bisschen erfinderisch ist.

Man muss sich also etwas einfallen lassen, wenn man wieder auf einen grünen Zweig kommen will. Wie bei allen anderen Problemen gilt auch hier, dass man sie erst einmal aus der richtigen Perspektive betrachten muss. Wenn Sie beispielsweise auf einem Schuldenberg sitzen, brauchen Sie sich nicht von Inkassobüros einschüchtern zu lassen, denn auch mit einem Berg Schulden kommt man zumindest hierzulande nicht gleich ins Gefängnis. In meinen finanziell besonders mageren Jahren war mir einmal ein Inkassobüro auf den Fersen, um einen Kredit einzutreiben. Ich konnte es mit kleinen Tricks in Schach halten, von denen sich dieser als besonders wirkungsvoll erwiesen hat: Wenn jemand von dem Büro anrief, sagte ich kein Wort und knallte den Hörer so lange auf den Tisch, bis der Anrufer auflegte. Das Inkassobüro musste trotzdem nicht bis in alle Ewigkeit warten. Als es mir finanziell wieder besser ging, zahlte ich nach meinen eigenen Möglichkeiten, ohne mich mit aufdringlichen Geldeintreibern herumschlagen zu müssen.

Jetzt soll aber endlich das Geheimnis gelüftet werden, wie man dem leidigen Geldproblem am besten beikommt. Es gibt zwei Methoden, die beide gleich effektiv sind. Entweder gibt man weniger aus, als man verdient, oder – falls das zu keinem Erfolg führt – man muss mehr verdienen, als man ausgibt. Das ist die ganze Kunst. Wer einen von diesen beiden großartigen Ratschlägen beherzigt, hat das Geldproblem schon erfolgreich gelöst.

Sollte sich der Geldmangel trotz immer höherer Einnahmen als chronisch erweisen, werfen Sie wahrscheinlich zu viel Geld für Unnötiges aus dem Fenster und sollten sich fragen, warum Sie am Rande des Ruins

> Ein glückliches Herz ist besser als ein voller Geldbeutel.
> *Italienisches Sprichwort*

ein solch verschwenderisches Dasein führen. Haben Sie Geduld, den richtigen Umgang mit Geld lernt man nicht so schnell. Doch Sie werden sehen, dass ein weniger aufwändiger Lebensstil keineswegs unglücklich macht. Und Sie werden überrascht sein, wie wenig Sie eigentlich brauchen.

Das Gegenstück zum hemmungslosen Verschwender ist der Geizkragen, der jeden Pfennig umdreht und sich an seinem Vermögen nicht freuen kann. Dumm genug, denn Geld ist schließlich einzig und allein zum Ausgeben da. Wozu braucht man Geld in Hülle und Fülle, wenn man nicht weiß wofür? Seinen Wohlstand sollte man vor allem genießen können, wenn er Sinn und Zweck haben soll. Lassen Sie sich etwas Hübsches einfallen, das

Ihnen Spaß macht und wofür Sie einen Teil Ihres Geldes investieren wollen. Sollten Sie auch nach gehörigem Nachdenken auf gar nichts kommen, wenden Sie sich vertrauensvoll an mich. Ich hätte keine Probleme, Ihnen beim Geldausgeben zu helfen und Sie von Ihrem Elend zu erlösen.

Mit Geld richtig umzugehen heißt vor allem, sich klar zu machen, dass mehr Geld kein größeres Glück bedeutet, und dass es auf lange Sicht unbefriedigend ist, sein Wohlbefinden und Selbstwertgefühl über den Besitz und das Bankkonto zu definieren. Eine Umfrage des psychologischen Instituts der University of Illinois aus dem Jahr 1996 hat ergeben, dass Lotteriegewinner ein Jahr nach dem unverhofften Geldsegen nicht glücklicher waren als vorher.

Das Geldverdienen zum Hauptzweck seines Daseins zu machen ist nicht nur sinnlos, es ist auch ein Akt der Verzweiflung. Weder dem Glück noch dem Geld, auch wenn sie ganz oben auf der Wunschliste stehen, darf man nachjagen, denn auf diese Weise vertreibt man seine Beute mit ziemlicher Sicherheit. Noch einmal: Wer nicht mehr auf das Geldverdienen fixiert ist und stattdessen so arbeitet, dass es ihm Spaß macht, wird mit Befriedigung und Freude an der Arbeit reichlich belohnt. Erstaunlicherweise kann diese Belohnung sich auch als ein Haufen Geld entpuppen, gerade weil man *nicht* aufs Geldverdienen fixiert war.

Das Geld sollte die eigene Kreativität und die innere Sicherheit widerspiegeln. Wenn man seine kreativen Energien in einem verantwortungsvollen Job einsetzt, wird das nötige Kleingeld für ein angenehmes Leben wie von selbst hereinkommen. Wer viel wagt, gewinnt, und wer mutig seiner inneren Berufung folgt, verdient langfristig mehr. Vielleicht brauchen Sie dann auch gar nicht mehr so viel, weil Sie schon damit zufrieden sind, Ihre persönliche Aufgabe gefunden zu haben.

Wenn dabei viel Geld herausspringt, umso besser. Auch wenn Sie auf diesen Bonus nicht angewiesen sind – Sie sollten ihn ausgiebig genießen, wenn er Ihnen schon in den Schoß gefallen ist.

Also: lassen Sie die Kirche im Dorf und überbewerten Sie das Geld nicht. Unzufriedenheit beeinträchtigt die Lebensfreude. Vielleicht geht es Ihnen ja schon gut, und Sie wissen es nur nicht. Wenn die Grundbedürfnisse befriedigt sind, wenn man etwas zu essen, Kleidung und ein Dach über dem Kopf hat, bringt mehr Geld auch nicht das erhoffte Glück. Vergleichen Sie sich nicht immer mit denen, die mehr haben, das macht nur unzufrieden. Und es gibt immer jemanden, der mehr hat. Kaum steht man besser da als die Müllers, will man die Schulzes übertrumpfen, und das Spielchen nimmt kein Ende ...

Wie man sich mit wenig Geld königlich amüsiert

Die irrige Meinung, dass Freizeit Geld kostet, ist leider weit verbreitet. Die exklusiven Konsumtempel, die in der Freizeit locken, sind ein Fass ohne Boden, und ihre Macher hoffen, dass die Verkürzung der Arbeitszeit hauptsächlich dem Konsum dient. Doch die Gier nach Geld und Besitz ist kein Allheilmittel. Was wirklich zählt, ist für Geld nicht zu haben; die besten Dinge im Leben gibt es sogar umsonst!

Freizeitaktivitäten müssen den Geldbeutel und die Umwelt nicht belasten. Was besonders umweltfreundlich ist, ist sogar besonders billig. Ein Sonnenuntergang, ein Spaziergang, Meditation, interessante Gespräche, einen Fluss zu durchwaten oder im Park zu joggen kostet so gut wie nichts und schont die Umwelt. Man braucht kein Krösus zu sein, um sich königlich zu amüsieren.

Freizeitvergnügen ist keineswegs das, was uns die Werbung verkaufen will. Ein Urlaub zum Beispiel muss nicht unbedingt teuer sein, und zum Abschalten muss man nicht unbedingt zu den Bahamas fliegen. Bevor man die Welt abgrast, sollte man sich erst mal in seiner näheren Umgebung umsehen. Ich will niemanden davon abhalten, die Welt kennen zu lernen. Ich sage nur, dass man nicht unbedingt weit weg fahren muss, damit das Reisen Spaß macht.

Der reichste Mensch ist der, dessen Vergnügungen am wenigsten kosten.
Henry David Thoreau

In unserer materialistischen Welt geraten die einfachen Freuden leicht in Vergessenheit. In teuren Hotels mit dem Geld um sich zu werfen, exotische Länder zu bereisen und in exklusiven Boutiquen einzukaufen ist nicht das Nonplusultra der Freizeitgestaltung. Im Gegenteil: je weniger man braucht, umso freier wird man. Ein einfacher Lebensstil kann an sich schon ein Vergnügen sein. Reich werden kann man auch, indem man sich bewusst macht, was man bereits hat. Bei den Buddhisten heißt es: »Wenn du haben willst, was du hast, bekommst du immer, was du willst.« Wir wissen schon gar nicht mehr, wie reich wir im Vergleich zu manchen Ländern in der Dritten Welt sind. Bücher, Musik, alte Freunde, vernachlässigte Hobbys und Lieblingsbeschäftigungen wollen wieder entdeckt werden, man muss nur die Augen aufmachen.

Freizeitvergnügen hängt also nicht vom Geld ab. Egal wie viel Geld Sie besitzen, Sie können Ihre Freizeit durch viel wichtigere Faktoren aufwerten: durch Ihr Talent, Ihr Wissen, Ihre Erfahrung und Ihre kreativen Fähigkeiten.

Durchstarten bitte!

Erst am Schluss ist Schluss

Dieses letzte Kapitel ist vielleicht das Ende des Buches, aber es ist eigentlich erst der Anfang vom Ende. »Erst am Schluss ist Schluss« – dieses Lebensmotto sollten Sie beherzigen, egal wie alt Sie sind.

Vielleicht sind Sie noch Teenager, möglicherweise sind Sie auch schon über hundert Jahre alt. So oder so sollten Sie nicht wie viele andere den Fehler begehen, so zu leben, als wäre das Leben schon vorbei.

Viele Vorurteile über das Altern halten sich hartnäckig, obwohl sie nichts mit der Realität zu tun haben. Ein chinesisches Sprichwort lautet: »Der Mensch ist ein Narr! Er bittet um ein langes Leben und fürchtet das Alter!« Falsche Vorstellungen vom Alter können zu Prophezeiungen werden, die sich schließlich selbst erfüllen. Wir leihen ihnen nur allzu gerne ein offenes Ohr, weil wir dann eine schöne Entschuldigung dafür haben, dass wir manchen Beschäftigungen aus dem Weg gehen, die man sich sehr wohl auch jenseits der Siebzig zutrauen kann. Das Alter wird nur dann zum Gespenst, wenn man sich aus dem Leben zurückzieht. Das Alter ist ein Neuanfang, kein Rückzug. Es ist nie zu spät, noch etwas Neues zu lernen, noch etwas zu erreichen und damit Zufriedenheit im Alter zu erlangen.

> Wenn ich erwachsen bin, will ich ein kleiner Junge werden.
> *Joseph Heller*

Nicht nur die Jugend kann in der Welt etwas bewegen. Kreativität und Lebensenergie kann man auch noch haben, wenn man

nicht mehr so jung ist. Im Folgenden sind einige Menschen genannt, die in einem fortgeschrittenen Alter noch aktiv und lebendig waren:
> Betrand Russell hat sich noch mit 94 Jahren für den Weltfrieden eingesetzt.
> Mutter Teresa hat sich bis zu ihrem Tod für die Armen eingesetzt.
> Picasso malte noch mit 90 Jahren.
> Der zweifache Nobelpreisträger, Linus Pauling, hat noch mit 90 Jahren versucht den Nutzen hoher Vitamingaben nachzuweisen.

Diese Menschen sind herausragende Persönlichkeiten, aber sie sind keine Ausnahme. Es gibt unzählige Menschen, die noch mit 70, 80 oder 90 Jahren eine unglaubliche Lebensfreude ausstrahlen, geistig und körperlich fit und begeisterungsfähig sind. Viele Menschen entwickeln gerade im Alter ungeahnte Energien und kommen in diesem Lebensabschnitt erst recht in Fahrt.

Kein Bedarf an Verjüngungskuren

Übung 18

Führen Sie sich zwei bis drei Minuten lang Menschen vor Augen, die 60 Jahre oder älter sind und immer noch neugierig, aktiv und intensiv am Leben teilnehmen. Schreiben Sie auf, welche Eigenschaften diese Menschen haben.

Ältere Menschen, die sich ihre Lebensfreude bewahrt haben, können vor allem immer noch über das Wunder des Lebens staunen, sich an jedem Regenbogen, Sonnenuntergang oder Vollmond aufs Neue freuen. Meinen Seminarteilnehmern sind noch weitere Dinge eingefallen, die solche Menschen auszeichnen:

› Kreativität
› Spontaneität
› Humor
› Verspieltheit
› Energie
› Aufgeschlossenheit
› Neugierde
› Heiterkeit
› Übermut
› Abenteuerlust
› Witz
› Anpassungsfähigkeit
› Fröhlichkeit

Übung 19

Welche Altersgruppe hat fast alle diese Eigenschaften?

Richtig! Kinder natürlich. In vieler Hinsicht sind ältere Menschen, die sich ihren Lebensschwung erhalten haben, wie Kinder. Sie passen sich schnell veränderten Bedingungen an, lassen sich als abenteuerlustige Optimisten gerne auf Neues ein, lernen ein Instrument, versuchen sich im Tennisspielen oder Windsurfen. Sie interessieren sich für alles, wollen nichts verpassen und können sich wie Kinder vollkommen in eine Tätigkeit vertiefen. Sie können lachen, Unsinn machen, spontan handeln und ihre Lebensfreude zum Ausdruck bringen. Wer auch im Alter aktiv und glücklich ist, braucht keine Verjüngungskur, weil er ein Kind geblieben ist.

Die innere Orientierung

Obwohl es wichtig ist, sich kindliche Eigenschaften auch im Alter zu bewahren, geht es beim Älterwerden nicht in erster Linie darum, sich die Jugendlichkeit zu bewahren. Nach und nach werden die körperlichen Kräfte nachlassen, auch wenn man eisern versucht, sich fit zu halten. Doch der Geist hat noch Reserven und kann sich weiterentwickeln. Das persönliche Wachstum trägt zu einem erfüllten Leben bei, da wir durch die Weisheit und die Tiefe, die wir erst im Alter erwerben, bereichert werden.

Mit dem Eintritt ins Seniorenalter rückt zum ersten Mal der Ruhestand ins Blickfeld. Das Wort Ruhestand dürfen Sie aber keinesfalls wörtlich nehmen, sonst sitzen Sie schließlich lustlos auf dem Sofa und warten auf den Tod. Der Ruhestand sollte für eine Neuorientierung im Leben genutzt werden. Das Ende der Berufstätigkeit sollte nicht Ruhestand, sondern lieber Selbstverwirklichung heißen, denn es bedeutet einen Aufbruch zu neuen Ufern.

Nur wer mit sich selbst leben kann, findet am Geschenk der Muße Gefallen.
Henry Greber

Man sollte sich vor allem um die innere Orientierung bemühen, denn sie ist eine Voraussetzung dafür, dass sich die Freizeit nicht nur auf äußere Ereignisse und Beschäftigungen beschränkt. Die innere Orientierung ist in der Jugend nicht das Thema Nummer eins, aber wenn man älter wird, ist sie entscheidend. Sie hat etwas mit dem Seelenleben beziehungsweise der Spiritualität zu tun, dem Segment im »Lebensrad« (→ S. 73), das in unserer materialistisch orientierten Gesellschaft häufig übersehen und vernachlässigt wird. Den Zugang zu seinem spirituellen Selbst erreicht man über höhere Bewusstseinsstufen. Sie werden beim Sport, durch Unterhaltung oder die Arbeit in der Regel nicht greifbar.

Wer sich seinem Innenleben und seiner inneren Stimme öffnet, wird daraus eine Kraft und ein Vertrauen schöpfen, das die Außenwelt nicht bieten kann. Wer den Kontakt zu seinem höheren Selbst aber verliert, kann in fortgeschrittenem Alter unter Verzweiflung und Depressionen leiden. Der Ausweg aus Einsamkeit und Verzweiflung ist die Einstimmung auf eine geistig-seelische Welt, wodurch sich das wahre Ich erst richtig entfalten kann. Die persönliche Entwicklung ist etwas schwer Fassbares, ist aber zugleich wunderbar und faszinierend. Wer sich selbst hinterfragt und in sich hineinhorcht, wird entschlossener und zielgerichteter und erlangt daher eine große innere Freiheit. Die Entdeckung des höheren Selbst wird Sie kreativer und dynamischer machen. Sie werden Ihr Leben lustvoller genießen, weil es so reich und schön ist.

Reden ist Silber, Handeln ist Gold

In diesem Buch habe ich eine ganze Reihe von Prinzipien für eine befriedigende Freizeitgestaltung vorgestellt. Im Folgenden sind die wichtigsten noch einmal zusammengefasst:

› Befragen Sie sich jeden Tag zu Ihrer Einstellung.
› Halten Sie Pessimisten auf Abstand!
› Konzentrieren Sie sich auf Ihre Bedürfnisse und Ziele.
› Fragen Sie sich selbst: »Bin ich wach und aufmerksam?«
› Befriedigen Sie die drei wichtigen Bedürfnisse: das Bedürfnis nach Struktur, nach einem Ziel und nach Gemeinschaft.
› Entwerfen Sie einen Ideenbaum.

- Halten Sie aktive und passive Beschäftigungen im Gleichgewicht.
- Vergessen Sie nicht, dass Geld weder glücklich noch unglücklich macht.
- Beherzigen Sie immer die »einfache Lebensregel«.
- Ihrem Ideenreichtum an Lebensentwürfen sind keine Grenzen gesetzt.
- Bemühen Sie sich um Ihre persönliche Entwicklung, um Anerkennung und Verantwortung, und versuchen Sie etwas zu erreichen.
- Wer sich langweilt, ist selbst schuld.
- Konzentrieren Sie sich auf den Augenblick, und widmen Sie sich ihm.
- Der Weg ist das Ziel.
- Handeln Sie spontan.
- Wagen Sie es, sich von der Masse abzuheben.
- Riskieren Sie etwas.
- Nur selbstsichere Menschen können gut allein sein.
- Lachen Sie, und seien Sie albern.
- Die besten Dinge im Leben sind kostenlos.
- Halten Sie sich körperlich fit.
- Widmen Sie sich ausgesuchten Beschäftigungen.
- Vermeiden Sie stundenlanges Fernsehen.
- Halten Sie sich geistig fit.
- Lassen Sie ab und zu die Seele baumeln.
- Entwickeln Sie Ihre innere Welt, Ihr spirituelles Wesen.

Diese Tipps garantieren allerdings noch nicht, dass Ihre Freizeitgestaltung auch wirklich befriedigend ist, genauso wie der Besitz eines Pferdes noch keinen guten Reiter macht.

Man muss sich immer wieder motivieren, das Notwendige zu tun, um ein Müßiggänger zu werden. Wie bei allem Schönen und Sinnvollen im Leben muss man sich auch um die Freizeit bemühen, die Freude daran fällt einem nicht von alleine in den Schoß. Es reicht nicht aus, eine Lebenskrise zu erkennen und großartige Pläne zu machen, was man dagegen tun kann. So weit kommt fast jeder. Woran es meistens hapert, ist die Umsetzung in die Tat. Wenn man nichts tut, sind alle guten Vorsätze und frommen Wünsche umsonst.

Ich kann das von Tag zu Tag besser. Vielleicht sollte ich anderen Unterricht im Faulenzen geben.

Also: nicht immer nur von all den wunderbaren Dingen reden, die man im Leben verwirklichen will, sondern damit anfangen! Reden ist Silber, Handeln ist Gold.

Beim »goldenen Handeln« geht es um das persönliche Engagement. Jeder bemüht sich angeblich um sein Lebensglück. Doch die Realität sieht häufig ganz anders aus. Kaum stellt sich heraus, dass viel Zeit, Kraft und Hingabe gefragt sind, verschwinden alle guten Vorsätze in der Versenkung.

> Von mir ist nichts Glänzendes oder Außergewöhnliches zu berichten, außer vielleicht diesem einen: Ich tue das, was ich für notwendig halte ... und wenn ich mich zu etwas entschlossen habe, handele ich auch.
> *Theodore Roosevelt*

Sie können auf ganz einfache Weise feststellen, wie weit es mit Ihrem Engagement in Bezug auf Ihre Ziele und Ihren Lebensweg her ist: Halten Sie immer, was Sie versprochen haben? Erledigen Sie auch so scheinbar unwichtige Dinge wie ein angekündigtes Telefonat? Wenn es schon im Kleinen nicht klappt, wie sollen dann größere Vorhaben gelingen?

Ohne persönliches Engagement ist Erfolg auf Dauer nicht zu haben, und nur Taten beweisen, dass Sie sich wirklich bemühen. Wenn Sie es ernst meinen und Ihr Ziel um keinen Preis aus den Augen verlieren wollen, dürfen Sie sich nicht von Hindernissen auf Ihrem Weg entmutigen lassen. Sie können über das Hindernis klettern, mitten hindurchbrechen oder unten durchkrabbeln, sie können es in die Luft sprengen, niederbrennen oder einfach beiseite räumen.

Die Freizeit bietet unbegrenzte Möglichkeiten, sich zu entfalten und Befriedigung zu finden. Wenn man sein Lebensglück wirklich finden will, gibt es keinen Grund, am Schluss mit leeren Händen dazustehen. Und wenn Sie keine Arbeit mehr haben, machen Sie sich einfach mit Begeisterung an das, was in Ihrem Leben als Nächstes ansteht.

Sollten Sie nach der Lektüre dieses Buches immer noch unterbeschäftigt sein, versuchen Sie es hiermit:

> Machen Sie Ihre Einkäufe zu Fuß statt mit dem Auto.
> Helfen Sie anderen, statt sich selbst helfen zu lassen.
> Lassen Sie eine Viertelstunde lang einen Sonnenuntergang auf sich wirken, statt nur einen Blick darauf zu werfen.
> Gewöhnen Sie sich an, hin und wieder ohne Gesellschaft auszukommen, um das Alleinsein genießen zu können.
> Lesen Sie ein Buch, statt vor dem Fernseher zu sitzen.
> Widmen Sie sich Aktivitäten, die eine Herausforderung für Sie sind.
> Suchen Sie sich anregende Gesprächspartner, die Ihre Ansichten auch einmal infrage stellen.
> Lassen Sie eine Party mit vielen interessanten Leuten steigen (vergessen Sie nicht, mich einzuladen).

»Was du säst, wirst du ernten.« Mit anderen Worten: Was Sie selbst in die Welt einbringen, wird wieder auf Sie zurückkommen. Ein erfülltes und zufriedenes Leben ergibt sich nicht von selbst, man muss etwas dafür tun – sehr viel sogar. Setzen Sie Ihre Pläne in die Tat um. Ihre Lebensfreude und eine positive Einstellung werden Ihnen dabei helfen. Und beherzigen Sie die buddhistische Weisheit: »Wissen ohne Handeln ist noch kein Wissen.«

Das Leben fängt in der Freizeit an

Ich wünsche mir, dass dieses Buch Ihnen hilft, an Ihrer Freizeit so viel Freude zu haben wie ich beim Schreiben. Ich denke, dass die Aufwertung Ihrer Freizeit schon allein dadurch in Gang gekommen ist, dass Sie dieses Buch gelesen haben. Der erste Schritt ist schon getan.

Jetzt müssen Sie Ihr Wissen nur noch anwenden. Sie werden einen langen Atem brauchen, damit Ihre Energie und innere Beweglichkeit nicht vorzeitig erlahmen. Man muss die Welt lieben, wenn man ihr nützlich sein will. Der Lernprozess und das persönliche Wachstum, nicht die Perfektion sollten dabei im Vordergrund stehen. Die Perspektive, aus der Sie die Dinge sehen, bestimmen Sie selbst, und ob Sie Freude an Ihren Freizeitbeschäftigungen finden, hängt ebenfalls ganz allein von Ihnen ab. Es ist Ihre Aufgabe, Ihre freie Zeit auszufüllen, dann bleibt für Angst, Langeweile und Depressionen gar keine Zeit. Das Leben ist so vielfältig, und es lohnt sich, durch weit gefächerte Interessen diese Vielfalt auszukosten.

Was aber, wenn keine Lebensfreude aufkommt? Wenn jegliche Begeisterung fehlt? Wenn Routine und das leidige Sicherheitsbedürfnis einen Käfig aus Langeweile und Gleichgültigkeit errichtet haben? Dann heißt es eben, die Begeisterungsfähigkeit wieder zum Leben zu erwecken, indem man sich bewusst etwas ganz Neues vornimmt und wieder frischen Wind und Spannung in die Sache bringt. Lassen Sie sich auf Überraschungen ein: Beleben Sie Ihren Alltag mit neuen Gesichtern und Erlebnissen. Scheuen Sie weder den Zufall noch das Risiko. Interessieren Sie sich für alles: für fremde Menschen, Kulturen und Orte, für ausgefallene Speisen oder ungewöhnliche Bücher.

Dabei kommt es – das möchte ich noch einmal betonen – nicht auf spektakuläre Ereignisse oder einzigartige Augenblicke an. Gerade die einfachen Dinge des Lebens können große Freude machen.

Eigentlich braucht man in der Freizeit dem Glück nicht hinterherzulaufen: Wir müssen nur drei Gaben, mit denen wir schon auf die Welt gekommen sind, nutzen: das Geschenk der Liebe, das Geschenk des Lachens und das Geschenk des Lebens – und schon folgt uns das Glück auf Schritt und Tritt.

Entscheidend ist auch die innere Haltung. Sie bestimmt, wie unser Leben aussieht. Niemand kann uns abnehmen, unser Leben selbst zu gestalten und die Begeisterung, Kraft und Motivation aufzubringen, es ganz auszukosten.

Hätte ich doch mehr Champagner getrunken!
Die letzten Worte von John Maynard Keynes

Die Freizeit ist ein kostbares Geschenk, das man ein Leben lang hegen und pflegen muss. Wer ihren Wert noch immer nicht erkannt hat, sollte sich vielleicht vor Augen halten, dass noch niemand auf dem Totenbett gesagt hat: »Ich wünschte, ich hätte mehr gearbeitet.« Wenn man überhaupt bedauert, im Leben etwas versäumt zu haben, wird es sich mit ziemlicher Sicherheit nicht auf die Arbeit, sondern auf die Freizeit beziehen. Und das hat seinen guten Grund: Wer die Kunst erlernt, mühelos zu leben, hat die größeren Chancen, sein Glück zu finden.

Das Leben beginnt in der Freizeit ... bon voyage!

Literatur

Richard Bach: EinsSein. Eine kosmische Reise. München 1991.
ders.: Illusionen. Die Abenteuer eines Messias wider Willen. Berlin 1978
Richard Nelson Bolles: Durchstarten zum Traumjob. Das Bewerbungshandbuch für Ein-, Um- und Aufsteiger. Frankfurt am Mai 1999.
Deepak Chopra: Die sieben geistigen Gesetze des Erfolgs. München 1996.
Diane Fassel: Wir arbeiten uns noch zu Tode. Die vier Gesichter der Arbeitssucht. München 1991.
Herbert J. Freudenberger: Ausgebrannt. Die Krise der Erfolgreichen. München 1981.
Erich Fromm: Haben oder Sein. Die seelischen Grundlagen einer neuen Gesellschaft. München 1998.
Shakti Gawain u. Laurel King: Leben im Licht. Quelle und Weg zu einem neuen Bewusstsein. München 1998.
Barbara Killinger: Ich habe leider keine Zeit. Woran man einen Workaholic erkennt und wie man ihm hilft. München 1994.
John Naisbitt u. Patricia Aburdene: Megatrends 2000. Zehn Perspektiven für den Weg ins nächste Jahrtausend. Düsseldorf 1991.
Tom Peters: Das Tom-Peters-Seminar II. Der Wow-Effekt. 200 Ideen für herausragende Erfolge. Frankfurt am Main 1995.
Michael Phillips: Die sieben Gesetze des Geldes. Münsingen 1998.
Faith Popcorn: Clicking. Der neue Popcornreport. Die neuesten Trends für unsere Zukunft. München 1999.
Jeremy Rifkin: Das Ende der Arbeit und ihre Zukunft. Frankfurt am Main 1995.
Antoine de Saint-Exupéry: Der kleine Prinz. Düsseldorf 1950.